W0040791

Bärbel Mohr

Zweisam statt einsam

Bärbel Mohr

Zweisam statt einsam

Den richtigen Partner finden
und in Beziehungen glücklich bleiben

Wichtiger Hinweis

Die im Buch veröffentlichten Ratschläge wurden von
Verfasser und Verlag sorgfältig erarbeitet und geprüft.
Eine Garantie kann dennoch nicht übernommen werden.
Ebenso ist die Haftung des Verfassers bzw. des Verlages und
seiner Beauftragten für Personen-, Sach- und
Vermögensschäden ausgeschlossen.

© KOHA-Verlag GmbH Burgrain
Alle Rechte vorbehalten
2. Auflage: Januar 2009
Lektorat: Birgit-Inga Weber

Gesamtherstellung: Karin Schnellbach
Druck: CPI, Moravia
ISBN 978-3-86728-080-8

Inhalt

Einleitung

Was gehört zu einer glücklichen Partnerschaft? Ganz klar, man muss erst einmal einen passenden Partner finden. Danach leben die meisten aber leider nicht »glücklich und zufrieden bis an ihr Lebensende« wie in einem Märchen, das mit diesem Finale das Schönste erwarten lässt. Stattdessen fangen die Schwierigkeiten erst richtig an.

Damit wir die Herausforderung auf positive Weise gestalten können und doch noch unser ganz persönliches Märchen vom dauerhaften Glück wahr machen, möchte ich dich anhand der Ideen und Übungen in diesem Buch inspirieren.

Es geht darum,

- einen passenden Partner zu finden; mit der Suggestion, dass es der einzig wahre und nur einmal auf der Welt vorhandene sein muss, fangen wir erst gar nicht an, denn Leben ist Fülle, auch bei der Wahl passender Partner;
- dauerhaft glücklich mit diesem Partner zu leben;

- auch mal kosmische Inspirationen einzuholen, wenn es schwierig wird.

Der Begriff »Partner« ist hier selbstverständlich geschlechtsunabhängig und meint sowohl den Partner als auch die Partnerin.

Dein ganz persönliches »Dauer-Happy-End« wünscht dir

Bärbel Mohr

Teil 1

Den richtigen Partner finden

und behalten

Viel besuchte Singlebörsen

Vor Kurzem emailte mir ein Banker, den ich als Teilnehmer einer meiner Lebensfreude-Seminare kennengelernt hatte. Was er schrieb, erschien mir so unfassbar, dass ich ihn sofort anrief, um zu fragen, ob er sich bei der Zahl nicht vertippt habe.

Was war los? Er ist Leiter einer großen Bank im Norden Deutschlands. Das Unternehmen hatte eine Analyse erstellt, um festzustellen, wo die Angestellten, wenn sie mit ihrem Computer ins Internet gehen, hauptsächlich herumsurfen. Man wollte wissen, wie effizient der Online-Anschluss beruflich genutzt wird.

Das Ergebnis war der absolute Knaller und kein Tippfehler: 87 Prozent der Zeit, in der die Angestellten im Internet waren, befanden sie sich auf den Webseiten von Kontakt- oder Singlebörsen! Man war höchst schockiert, informierte die Angestellten, dass sie »geoutet« waren, und verhängte ein privates Surfverbot (über minimale Anteile hinaus). Letzteres gilt eigentlich generell am Arbeitsplatz, aber es wurde eben noch einmal nachdrücklich darauf hingewiesen.

Ein paar Monate später wurde wieder kontrolliert. Offenbar hielten sich die Angestellten nun mit letzter Kraft unter Kontrolle und mieden die Kontaktbörsen, wo es nur ging, denn das Ergebnis besagte ... – na, willst du raten? Nun waren es nur noch knappe 80 Prozent der gesamten Internet-Zeit, die auf Kontaktbörsenseiten verbracht wurden.

Diesmal wurden Abmahnungen erteilt, und wenn es so weitergeht, werden wohl ein paar Kündigungen fällig. Ob dann allerdings etwas Besseres nachrückt, weiß man nicht – außer die Bank stellt nur noch liierte Angestellte ein. Das heißt, so ganz sicher kann man sich auch bei denen nicht sein, denn im Lauf der Zeit wird jede dritte Ehe in Deutschland geschieden, in den USA angeblich jede zweite. 2007 soll auf zwei Eheschließungen in Deutschland statistisch gesehen eine Scheidung gekommen sein.

Diese Meldungen flatterten mir ins Haus, just in dem Moment, als ich mitten im Schreiben dieses Buches war. »Soll das heißen«, fragte ich mich, »ich sollte mich, wenn ich mich am Bedarf orientieren will, eigentlich nur um die universelle *Partnerfindung* kümmern?«

Nein, ich habe mich dagegen entschieden. Es ist nämlich alles andere als sinnvoll, nach einem neuen Partner zu suchen, wenn es einem an Spielregeln und Werkzeugen fehlt, um die Partnerschaft dann auch glücklich zu erhalten. Das wäre gerade so, als würde man ein Fachbuch kaufen, noch bevor man lesen gelernt hat.

Eigentlich müsste es in jeder guten Schule für alle Teenager ein Fach zum Thema »Wie führe ich eine glückliche Beziehung« geben. Denn Partnerschaft ist ein essenzieller Bestandteil unseres gesellschaftlichen Lebens.

Und deshalb geht es in diesem Buch immer wieder um beides: einen Partner zu finden und eine glückliche Beziehung zu führen. Natürlich liegt es nahe, mit dem Thema Partnerfindung anzufangen. Aber bereits hier zeigt sich, wie sehr die beiden Disziplinen »Partner finden« und »Glücklich bleiben zu zweit« ineinander verwoben sind. Das nächste Kapitel kann daher durchaus auch interessant sein für Leute, die schon einen Partner haben.

Froschverwünschungen aufheben

Bei meinen Seminaren kristallisiert sich in Gesprächen immer wieder heraus, was so alles auf den Traumpartner-Bestelllisten steht und vor allem, welche Hoffnung ganz insgeheim (öfter als gedacht) hinter dem einen oder anderen Punkt lauert. Denn sehr häufig suchen wir nicht jemanden mit den gleichen Qualitäten, die wir auch bieten, sondern jemanden mit den Qualitäten, die uns vermeintlich fehlen.

Typische Bestellpunkte – und was sie beim Hinterfragen oft bedeuten:

- »Bildschön«: Das steht vor allem auf den Listen einiger Männer weit oben (nicht bei allen, zum Glück) – egal wie sie selber aussehen.
- »Entspannter, fröhlicher und humorvoller Mensch«: Das soll leider nicht selten heißen: Ich suche einen, der mich aus dem Sumpf meiner miesen Laune zieht und mich vor mir selbst »rettet«.

- »Geduldig und verständnisvoll«: Ganz kritischer Punkt! Er oder sie soll es aushalten, wenn man ihn als emotionalen Mülleimer und Blitzableiter benutzt; danach darf er/sie den Partner mit seiner humorvollen, verständnisvollen Art trösten und dessen schlechte Laune fortzaubern.
- »Zufrieden und glücklich mit dem Leben«: Ganz klar, kaum hakt man ein bisschen nach, kommt heraus, der Mensch sucht jemanden, bei dem er abgucken kann, wie es geht.

Mit anderen Worten: Da sind Heerscharen von Fröschen unterwegs und suchen Prinzen und Prinzessinnen, die sie erlösen. Letztere sind allerdings nicht ganz so wild aufs Fröscheküssen, wie manche nach dem guten Ende des Gebrüder-Grimm-Märchens vermuten. Es wird nicht selten gehofft, ein königlicher Idealpartner möge auftauchen, der einen aus der bösen Froschverwünschung erlöst, aus der man sonst keinen Ausweg weiß.

Und warum wünschen wir uns einen Partner mit so wundervollen Eigenschaften? Weil wir eigentlich selbst wieder in so einen Seinszustand kommen möchten, in dem wir fröhlich, entspannt, humorvoll, verständnisvoll, glücklich, erfüllt und so weiter sind. Wir haben den Weg dahin vergessen und halten Ausschau nach einer Art Wegweiser, nach jemandem, bei dem wir abgucken können. Aber Frosch bleibt Frosch, solange wir uns nicht selbst heilen und selbst genau der Partner werden, den wir uns im Außen wünschen.

Im Rahmen der Arbeit an der DVD für das Buch »Cosmic Ordering – Die neue Dimension der Realitätsgestaltung aus dem alten hawaiianischen Ho'oponopono« meinte Michael auf die Frage, warum möglicherweise seine Traumfrau den Weg nicht zu ihm finde:

»Ich als meine Traumfrau wäre ganz ähnlich wie ich, und ich bin halt öfter mal ein bisschen ›cool‹. Aber in Clubs, die solche Leute wie mich aufnehmen, will ich gar nicht erst Mitglied sein.[1] Das heißt, wir können uns nie begegnen, wenn sie genauso ist ...«

Michael wurde klar, dass es in seinem Fall – »zu viel Coolness« – problematisch ist, wenn seine potenzielle Traumpartnerin das Gleiche von

---

[1] Der Spruch ist im Original von Groucho Marx. Er trat damals aus einem Gentlemen's Club aus, der ihm zu exklusiv war.

ihm erwartet wie er von ihr, nämlich den ersten Schritt zu tun: Dann warten beide ewig, ohne dass sie sich je aufeinander zubewegen.

Man könnte auch sagen: Tausende von Fröschen sitzen herum und lauern darauf, von Prinzen und Prinzessinnen aus ihrer Verzauberung erlöst zu werden. Kein Wunder, wenn die Anzahl der Singles dauernd steigt.

Aber was für eine gigantische Chance für dich! Stell es dir einmal so vor: Du erlöst dich selbst von der Froschverwünschung und bringst ganz ohne fremde Hilfe den »Adel« in dir zum Vorschein. Das Schlaraffenland wird über dich hereinbrechen! Du wirst aus Millionen von Fröschen wählen können! Alle werden sie zu deinen Füßen herumhüpfen und ... quaken.
Ja, quaken, natürlich. Eine Kleinigkeit gibt es noch zu tun: Jetzt da du weißt, wie man vom Frosch zum Prinzen bzw. zur Prinzessin wird, wird es dir ein Leichtes sein, jeden halbwegs qualifizierten Frosch ruck, zuck ebenfalls von seiner Verwünschung zu erlösen und in einen Menschen zu verwandeln, dem die Krone hervorragend steht. So herum wird ein Schuh daraus. Schluss mit dem Warten auf den Richtigen!

Das ist die ganze Wahrheit: Wir wünschen uns einen Partner voll innerer Schönheit. Die George Clooneys dieser Welt will eh kaum jemand wirklich haben. Sie taugen als Accessoire für einen glanzvollen Abend; danach legt man sie wieder ab. Man wird ja seines Lebens nicht froh mit einem Mann, dem Scharen anderer Frauen hinterherjagen. Da mag sein Charakter sein, wie er will. Nein, da bist du anders: Du suchst die wahre innere Schönheit, weil … ?! Weil du in Wirklichkeit auf der Suche bist nach deiner eigenen inneren Schönheit.

Das Universum versteht dich – nonverbal und sogar auf der unterbewussten Ebene: Es schickt dir den Partner, der dir am perfektesten widerspiegelt, welche Teile in dir noch der Heilung bedürfen, damit du deine innere Schönheit voll entfalten und die Verwünschung hinter dir lassen kannst – eben den grausligen nervigen Klotz am Bein, Frosch pur, den du immer wieder bekommst und der dir das Rätsel aufgibt, warum das Schicksal es nicht besser mit dir meint.

Dieser Frosch im Außen – auch »schwieriger und unperfekter Partner« genannt – will dir deine inneren ungeliebten Froschaspekte spiegeln. Gelingt es dir, dich mit ihnen zu versöhnen und sie zu heilen, dann bist du reif für den Doppelknall: Du wirst zum Prinzen bzw. zur Prinzessin und verwandelst deinen Froschpartner gleich mit in einen eben solchen. Es ist schon richtig: Prinzen und Prinzessinnen können das. Sie können aus Fröschen Menschen machen, die ihre edelsten Anteile leben.

Mit »echten« Thronfolgern aus irdischen Königshäusern hat das nichts zu tun; die können genauso froschig sein wie jeder nicht adelige Bürger. Es geht um den symbolischen Prinzen aus dem Märchen. Denn der Prinzanteil steht für die reine Liebe und Versöhnung mit allem, für das Heile und die innere Schönheit. Und mit Liebe kann man (fast) jede Froschverwünschung heilen und auflösen: Indem ich den anderen so liebe, wie er ist, erlöse ich ihn von seinem Froschdasein, sodass der Prinz zum Vorschein kommt.

In Schweden habe ich ein schönes Sprichwort gelesen, das sinngemäß heißt: *Du kannst das Königliche in jedem Menschen aktivieren, indem du ihn behandelst wie einen König.*
Mit anderen Worten: Behandele deinen Frosch

wie einen König, und er wird sich königlich benehmen.

Das schafft man aber nur – wir wissen es alle –, wenn man zuerst sich selbst liebt, so wie man ist. Kein Frosch erlöst andere Frösche durch froschige Froschküsse. Ohne bedingungslose Liebe sich selbst und dem anderen gegenüber bleibt die Verwünschung erhalten und verstärkt sich sogar meist im Lauf der Zeit. Das führt schließlich zu der bereits erwähnten hohen Scheidungsrate.

Es muss also etwas geschehen.

Den passenden Partner finden

Einen passenden Partner findet man am leichtesten gerade dann, wenn man ihn nicht braucht. Warum? Weil man mit Druck und Stress ...

• die Intuition lahmlegt;
• die richtigen Gelegenheiten übersieht;
• die Stimme seines Herzens nicht hört.

Der Weg zum richtigen Partner verläuft nicht immer eindeutig und linear. Manchmal müsste man die ältere Dame an der Bushaltestelle ansprechen, um ihre Nichte kennenzulernen, und die wäre es dann. Aber wegen allgemeiner schlechter Laune redet man eben mit gar niemandem. Dann kann sich die innere Stimme noch so sehr anstrengen: »Mensch, red doch mal mit der schrulligen Tante, die du jetzt schon zum fünften Mal hier triffst.« Man ignoriert diese Intuition stur: »Quatsch, die ist doch nichts für mich!« Schon klar, aber ...

Wenn man hingegen in seiner Mitte ruht, sich selbst liebt, so wie man ist, und in jedem Moment Dankbarkeit für die kleinen Geschenke des Lebens übt, dann ...

- funktioniert die Intuition eins a;
- ist man offen für neue Gelegenheiten und hört auch die innere Stimme, die nicht-lineare Hinweise gibt – wie jenen mit der Tante an der Bushaltestelle;
- nimmt man auch wahr, wenn das Herz das Signal sendet: »Passender Partner steuerbord voraus!«, obwohl derjenige vielleicht blonde statt der wunschgemäßen schwarzen Haare hat.

Man muss also mit offenem Herzen durchs Leben gehen – sonst kann man keinen Partner finden, der wirklich im Herzen passt. Ganz logisch und einfach.

Übe also in jeder Sekunde, deine Schwingung hochzuhalten und schon vorab das Beste aus deinem Leben zu machen.

Merke: Je frustrierter du bist, desto mehr kommst du als Partner nur für andere Frustrierte in Betracht.

Sei froh, dass du als Single gerade Zeit und Raum hast, Frieden mit dir selbst und deinem Leben zu schließen. Wenn du damit durch bist und mehr Sonne aus deinem Herzen strahlt, dann fühlen sich zunehmend Menschen von dir angezogen, in deren Herzen ebenfalls die Sonne scheint. Das ist eine viel bessere Voraussetzung für eine lebenswerte Partnerschaft.

Man kann nur bekommen (im Außen),
was man schon hat (im Innen).

Wo du im Anschluss daran suchst und *ob* du überhaupt konkret suchst, ist dann beinahe egal. Der passende Partner wird wie von alleine in dein Umfeld kommen. Er nähert sich, sobald du dich auf einer Bewusstseinsebene befindest, auf der du mit jemandem glücklich wärst, der genauso drauf ist wie du selbst.

Frag dich selbst: Wenn ich mir selbst entgegenkäme – so wie ich im Moment denke, fühle und die Welt betrachte und so wie ich mit mir und anderen umgehe –, würde ich mich selbst als Partner haben wollen?
Wenn nicht, dann konzentriere dich auf die folgenden Übungen im Umgang mit Kollegen,

Freunden, Verwandten und Menschen überall im Alltag. Sobald der neue Partner dann auftaucht, bist du bestens präpariert und deine Ausstrahlung ist bereits so gut, wie du sie dir von deinem neuen Partner ebenfalls wünschst. Vor allen Dingen funktioniert dann deine Intuition und du hörst deine innere Stimme.

Die Gedanken sind nicht immer frei, wie wir es bisher dachten. Ich kann mich nicht verstecken, zumindest nicht auf der Ebene des unterbewussten Informationsaustausches. Mein Gegenüber spürt mein Grundgefühl, egal wie sehr ich es verbergen will.

Wenn ich tausend potenzielle neue Partner in Singlebörsen oder sonst wo treffe und immer das Gefühl ausstrahle, mich selbst nicht zu lieben – was soll wohl dabei herauskommen? Du kannst dich nicht verstecken. Der andere spürt deinen Mangel an Selbstliebe und reagiert darauf.

Einer unserer Freunde hat eine gute Freundin, mit der er sich super versteht. Sie haben sagenhaft viele gemeinsame Interessen und mögen die Freunde des jeweils anderen. Er fühlt sich auch stark zu ihr hingezogen. Aber eines war ihm lange völlig unklar: Warum nur konnte er sich einfach nicht in sie verlieben? »Ich will mich in sie verlieben. Sie passt so perfekt und ich weiß genau, dass es nicht die geschwisterliche Art von Anziehung zwischen uns ist. Es ist eine Mann-Frau-Anziehung in der Luft, aber ich kann und kann mich nicht in sie verlieben. Irgendwie lässt sie mich nicht ...« Er grübelte ständig, woran es liegen könnte, und irgendwann nach vielen Monaten wurde es ihm klar – zumindest kommt ihm diese Lösung sehr wahrscheinlich vor: Sie liebt sich selbst nicht, und diese Unsicherheit, die sie damit ausstrahlt, verursacht eine Art emotionales Loch in ihm, das verhindert, dass er sich verlieben kann.

Normalerweise ist er der Typ, der sich total schnell verliebt – nämlich in jede hübsche Maid, die freudig mit ihm auf den Wellen romantischer Gefühle reitet und im Austausch von Herzensenergien schwelgt.

»Das ist es«, sagte er einmal zu uns. »Meine Expartnerinnen konnte ich alle mit dem Herzen spüren. Wenn ich mein Herz für sie öffnete, kam eine Welle von Energie zurück. Dann schickte ich wieder Liebe, sie antwortete, und schwupp, schon schwebte ich im siebten Himmel. Aber bei Lisa kann ich mein Herz öffnen, so viel ich will – es kommen immer nur Selbstzweifel zurück:

›Das bin ich doch gar nicht wert‹, Abwehrhaltungen noch und noch und lauter so ein Zeug. Da kann man sich nicht verlieben.«

Dein Herz spürt es; die Intuition, das Bauchgefühl, deine ganze Aura atmet das Sein des anderen ein – oder eben nicht. Wenn da tote Hose auf der Ebene der Selbstliebe herrscht, herrscht auch Ebbe im Austausch echter Liebesenergie. So kann man nur total coole Beziehungen mit anderen Scheintoten führen.

Dein Herz wieder zu öffnen für die Welt – das heißt: den Prinzen, die Prinzessin wieder in dir zu erwecken. Und das kannst du auf ganz vielen Ebenen unterstützen. Dazu ist dieses Buch da. Danach kannst du dir zielsicher den Frosch mit dem höchsten Liebespotenzial herauspicken und ihn ebenfalls wachküssen. Wachküssen heißt, du bringst seine Herzensenergie und seine Selbstliebe wieder zum Fließen, weil die deinen sicher und vertrauenerweckend fließen – so als wäre es das Selbstverständlichste auf der Welt. Das steckt an! Das hebt Froschverwünschungen auf ...

Eine Anekdote zum Abschluss dieses Kapitels. Ich habe sie zwar an anderer Stelle schon zum

Besten gegeben, aber die Story ist einfach der Knüller, deshalb wiederhole ich sie hier:

Thomas Klüh, der die Geschichte erlebt hat, beschreibt in seinem Buch »Erfolgsgefühle« unter anderem, dass wir uns häufig seltsam benehmen, weil eine Instanz in uns meldet, wir wären existenziell bedroht, obwohl das in Wahrheit gar nicht der Fall ist. Weil aber unser Instinkt die Lage aus alten Kindheitserfahrungen oder aus dem »Reptiliengehirn« heraus falsch bewertet, reagieren wir unbewusst so, dass wir unseren eigenen Erfolg verhindern. Im Partnerschaftsbereich artet das dann häufig so aus: Der Partner stellt eine harmlose Frage oder kommt gestresst nach Hause, doch sein Verhalten löst bei uns geheime Ängste existenzieller Bedrohung aus. Also reagieren wir auf die Todesangst anstatt auf das, was der Partner wirklich gesagt hat. Logisch, dass dieses Missverständnis zu Eskalationen führt.

Thomas hatte früher den Glaubenssatz, er sei zu hässlich, als dass ihn irgendjemand lieben könnte. Also konnte er auch keine neue Partnerin finden, als seine Ehe in die Brüche ging. Er hatte sowieso froh sein müssen, dass die Ex ihn damals genommen hatte – so hässlich, wie er ja sei.

Einen Glaubenssatz dieses Kalibers strahlen wir

aus jeder Pore aus; er beeinflusst unterbewusst, aber umso stärker unser Verhalten.

Eines Tages unterhielt sich Thomas mit einem Freund, und im Lauf des Gesprächs fiel es ihm plötzlich wie Schuppen von den Augen:

Thomas: »Sag mal, die Frauen stehen ja total auf dich ...«

Freund: »Hmmm.« Nickt bejahend.

Thomas: »Du könntest doch an jedem Finger zehn haben, so wie die dir hinterherlaufen.«

Freund nickt wieder.

Thomas nähert sich der Erkenntnis: »Ja aber, du bist doch noch hässlicher als ich!«

Freund perplex.

Thomas begeistert: »Das heißt ja, es liegt nicht am Aussehen!«

Damit war der Glaubenssatz von früher gestorben. Bereits eine Woche später erhielt Thomas die ersten eindeutigen Angebote von Frauen. Die plötzliche Erkenntnis hatte seine ganze Ausstrahlung nachhaltig verändert. Inzwischen ist er seit Jahren glücklich verheiratet.

Überlege dir, mit welchem hinderlichen Glaubenssatz DU durch die Gegend läufst und ihn unterbewusst ausstrahlst!

Hör auf, etwas zu denken wie: »Ich suche meinen Traumpartner – wo ist er denn nur?« Denke lieber: »Ich BIN der richtige Partner!« Dann ist jeder selber schuld, der die grandiose Gelegenheit verpasst, dich näher kennenzulernen. Das hat eine ganz andere Qualität und Ausstrahlung. Ohne aufgesetzte Arroganz natürlich. Eher vom Herzen aus: »Ich bin der richtige Partner, denn ich bin voller Liebe.«

Liebe dich selbst, sonst kann dich auch kein anderer lieben

Wir haben die Traumpartner-Übung von der DVD zum Buch »Cosmic Ordering – Die neue Dimension der Realitätsgestaltung aus dem alten hawaiianischen Ho'oponopono« mit teilweise überwältigenden Ergebnissen ausgebaut.

Worum geht es?

Während einer Sitzung zu fünft haben wir uns vorgestellt, wir wären unser eigener Idealpartner. Egal ob wir nun bereits einen Partner hatten oder nicht: Wir malten uns aus, es gäbe noch einen besseren, eine Art einzig wahren Seelenpartner. Allerdings will er uns nicht; er kommt einfach nicht in unser Leben. Wir haben uns nun gefragt: Wenn ich mein eigener Seelenpartner wäre und mich selbst nicht haben wollte – warum würde ich mich nicht haben wollen?

Das ist eine äußerst interessante Frage ... Stell sie dir am besten selbst einmal, bevor du weiterliest.

Nein, nicht spicken! Erst die Übung machen. Es ist spannend, glaub es mir.

Was immer du nun gefunden hast, es hat höchstwahrscheinlich direkt oder indirekt etwas mit einem Teil von dir zu tun, den du selbst an dir ablehnst oder den du als Fehler oder Schwäche betrachtest. Genau genommen hast du dich gerade gefragt, warum *du selbst dich selbst* nicht haben willst.

Die meisten Leserinnen und Leser wissen bereits, dass sie ohne Selbstliebe keine wirklich erfüllende Partnerschaft führen können und selbst bei der Partnersuche Schwierigkeiten haben. Ich habe im Kapitel zuvor darüber berichtet. Hier nur eine kurze Zusammenfassung zur Erinnerung:

Wenn ich mich selbst nicht liebe und insgeheim denke, ich wäre es nicht wert, geliebt zu werden, dann strahle ich das aus. Diese Botschaft kommt beim anderen an. Es lässt sich sogar an der Tätigkeit der Neuronen im Gehirn des anderen ablesen, dass dein Gefühl bei ihm als Information ankommt. (Dauertipp: »Warum ich fühle, was du fühlst. Intuitive Kommunikation und das Geheimnis der Spiegelneurone« von Joachim Bauer.) Logische Konsequenz: Wenn ein Single auf

Partnersuche ausstrahlt: »Ich bin es nicht wert, um meiner selbst willen geliebt zu werden«, dann führen alle möglichen Partner, die er trifft, diese hinderliche Affirmation wie einen hypnotischen Befehl aus: Sie lieben denjenigen auch nicht.

Erst wenn wir gelernt haben, uns selbst zu lieben und uns zu erlauben, geliebt zu werden, können wir auch einen anderen Menschen treffen, der uns wirklich liebt.

Nun üben viele ja schon fleißig in dieser Richtung:

- Es wird nackt vor dem Ganzkörperspiegel geübt, sich so zu lieben, wie man ist.
- Morgens schaut man möglichst freundlich in den Spiegel und begrüßt als Erstes sich selbst: »Guten Morgen, geliebtes Wesen, guten Morgen, mein liebes Ich, ich liebe dich.«
- Außerdem führt man das Selbstliebetagebuch: »Was ich heute gut gemacht habe: ... Was ich in meinem ganzen bisherigen Leben gut gemacht habe: ... Worauf ich stolz bin: ...« Abends zehn Minuten schreiben, morgens eine Minute lesen.

Dennoch gibt es da so eine Ecke in uns selbst, die wir weiterhin von unserer Selbstliebe auszuschließen versuchen: Also, diesen einen Fehler, diese Schwäche, die liebe ich auf keinen Fall; die verstecke ich möglichst, damit es keiner merkt.

Und genau damit wird alles schlimmer! Wir bemühen uns, zu verstecken, wer wir wirklich sind, und wundern uns, warum keiner uns liebt, wie wir wirklich sind. Wie sollen sie denn wissen, wen sie vor sich haben, wenn wir dauernd Teile unseres Wesens verstecken?

Übungen

Mache eine erweiterte *Selbstliebe-Übung* und schreibe eine Liste mit allen deinen Schwächen, die dir einfallen: alle Fehler, alle Schwächen, alle Seiten an dir, die du ändern und loswerden willst.

Füge dieser Liste auch die Punkte hinzu, die du bei der Übung weiter oben gefunden hast: »Wenn mein Idealpartner mich nicht wollen würde, warum nicht?«

Und dann liebe genau diese Seiten von dir.

Mach eine Heilmeditation mit dir selbst.

Öffne dein Herz nach und nach für alle Punkte deiner Liste. Hülle sie in Liebe und nimm sie ins Herz. »Lieber Fehler, ich liebe dich. Du darfst so sein. Du bist ein Teil von mir und ich liebe dich.«

Was dieses Vorgehen bewirkt?

- Du entspannst dich, denn du musst nichts mehr verstecken.
- Du wirkst auf andere liebenswerter. Ganz im Ernst: Perfektion erzeugt Aggression, denn jeder weiß tief drinnen um seine Fehler. Wo der Eindruck von Perfektion entsteht, erzeugt er gleichzeitig ein Gefühl von Unerreichbarkeit und Resignation: »Oh weh, da kann ich nie mithalten ...«
- Perfektion wirkt unlebendig und tötet die Liebe. Schwächen machen menschlich.
- Deine Ausstrahlung ändert sich: Wenn du deine Fehler und Schwächen annimmst und liebst, wird es für andere auch viel leichter, sie zu lieben, denn dein Gefühl, dass es okay ist, so zu sein, überträgt sich auf deine Mitmenschen.

»Ich erlaube mir, geliebt zu werden«
Trotz aller Übungen fehlt manchmal ein kleines Stück zum Durchbruch, damit man sich wirklich erlaubt, geliebt zu werden.

Setze dich bequem hin, schließe die Augen und stelle dir vor, zwei wunderbar leuchtende Lichtkugeln kämen auf dich zu. Sie fühlen sich an wie deine besten Freunde und sie sind inniglich mit dir verbunden. Sie sind ein Teil deiner ewig heilen und liebenden Seele.

Diese beiden sind gekommen, um dein irdisches Sein zu bewundern und dir ihre Liebe zu schenken. In ihrer Welt gibt es keinen irdischen Körper und nicht die Strukturen eines menschlichen Ichs. Für sie ist beides ein fantastisches Wunder.

Du bist ein Wunder, da gibt es keinen Zweifel. Aus Millionen von Samenzellen warst du die allerschnellste, die das Ei als Erstes erreichte. Alleine das zeigt: Du bist ein Gewinner!

Öffne dein Herz für die Liebe, die dir diese beiden lichtvollen Freunde geben. Erlaube dir ganz bewusst, geliebt zu werden. Koste es aus, geliebt zu werden. Genieße es, geliebt zu werden. Sei es dir wert.

Schließe dich ihnen an und liebe dich ebenfalls – immer mehr und immer tiefer.

Tue dir selbst etwas Gutes (ja gewiss, der Tipp ist nicht neu – tut trotzdem immer gut)
Stell dir vor, du würdest dich selbst von innen streicheln: von den Füßen bis hoch zu den Haar-

spitzen. Streichle alle Zellen, alle Organe, alle Blutbahnen, alles von innen – in Gedanken, mit Licht und Liebe. Oder stelle dir geistige Hände vor. Was immer sich besser anfühlt.

Umarmung
Sooft du jemanden umarmst (jede Gelegenheit ist recht: zur Begrüßung, beim Abschied, aus Freude, Trauer, beim Gratulieren – erfinde notfalls eine Gelegenheit), tue es mit dem Gedanken: »Wir beide sind es wert, geliebt zu werden.« Das macht jede Umarmung gleich viel intensiver!

Wenn du nun die Traumpartner-Übung noch einmal machst, wirst du eine Veränderung deiner Gefühle feststellen: Es lassen sich immer weniger Gründe finden, warum dich der Traumpartner nicht wollen könnte. Und am Schluss bist du im Vertrauen, dass alles schon da ist, was gut für dich ist. Warte einen Moment ... Schwupp, schon kommt er oder sie um die nächste Ecke gebogen.

Den neuen Partner
beim Universum bestellen

Kaum jemand sucht einen Partner, weil eine Haushälterin zu teuer käme oder weil er versorgt sein will und sich um die eigene Existenz nicht kümmern möchte. Das sind (meistens) bloß Nebenwirkungen.

Es geht uns auch nicht wirklich um die Haar- oder Augenfarbe oder um die Figur unseres Partners. Und selbst wenn gemeinsame Hobbys die Sache erleichtern, geht es noch nicht einmal wirklich darum.

In Wahrheit wünschen wir uns immer ein ganz besonderes Gefühl, quasi unsere persönliche Variante vom Gefühl, glücklich zu sein. Es geht um das Gefühl hinter der Bestellung.

Der eine wünscht sich ein Cabriolet, weil er damit ein Gefühl von Freiheit verbindet. Dem anderen bringt die Vorstellung Sicherheit, dem nächsten Anerkennung, und wieder dem nächsten das Gefühl, erfolgreich zu sein und es geschafft zu haben.

Sobald wir die Hintergründe einmal deutlich spüren und erkennen, transformiert sich oft der Wunsch, weil wir erkennen, wie wir diese Qualität auf anderen Wegen noch viel besser in unser Leben ziehen können.

In der Liebesbeziehung ist es genauso: Wir wünschen sie uns, weil wir ein ganz bestimmtes Gefühl dabei haben möchten.

Dieses Gefühl können wir bestellen – genauso wie wir bei jeder Bestellung den »Wunsch hinter der Bestellung«, das Gefühl, um das es eigentlich geht, mitbestellen können. Du kannst die **Essenz des Idealpartners »herbei-fühl-wünschen«.**

Mache es wie bei der Übung zum Wunschgefühl hinter der Bestellung (siehe hierzu auch die Bücher »Die Mohr-Methode« und »Fühle mit dem Herzen«): Lehne dich gemütlich zurück, schließe die Augen und stelle dir vor, ein idealer Partner wäre bereits da. Wie würde dein Leben jetzt aussehen? Wie würde der Tag beginnen, wie verlaufen, was wäre anders als jetzt? Wie würde der Tag enden? Und am wichtigsten: Wie würdest du dich dabei fühlen?

Lege Stift und Papier bereit und mache dir Notizen:

- Wie sieht dein Tagesablauf aus?
- Was ändert sich gegenüber deinem jetzigen Leben?
- Wie fühlst du dich dabei?
- Was ist wirklich dein Wunschgefühl in deiner idealen Partnerschaft? Stell dir vor, du schaust deinem Gegenüber in die Augen – wie fühlst du dich? Stell dir vor, der andere sieht dich an – wie fühlst du dich in dieser idealen Partnerschaft?

Visualisiere dein Wunsch-Beziehungsgefühl, halte es lebendig in dir. Das ist alles, was es bei einer guten Partnerbestellung zu tun gibt.

Und wann immer du anderen Menschen begegnest (nicht nur potenziellen neuen Partnern; es macht eher neurotisch, wenn man nur nach diesen guckt!), sieh ihnen in die Augen und frage dich, ob du glaubst, diese Wunschgefühle mit ihnen erleben zu können. Achte auf dein Herz und was es dir verrät. Das kannst du bei Kindern genauso üben und überprüfen wie bei Senioren. Der Seele ist das irdische Alter gleichgültig; für Wohlgefühle ist ihr auch das Geschlecht des anderen zunächst einmal egal. Deine Seele freut sich immer, wenn du Menschen um dich hast, mit denen du dein Wunschgefühl ganz oder in Teilen erleben kannst.

Oft suchen wir mit den Augen nach jemandem, der dem entspricht, was andere angeblich von uns erwarten, weil es zu unserem Image passe, und so weiter. Dabei ist der Verstand so wild am Rotieren, dass wir die Stimme des Herzens völlig überhören und auch übersehen, ob dieser Mensch wirklich zu unserem Wunsch-Beziehungsgefühl passt.

Achte auf den Augenausdruck bei anderen. Achte darauf, wie sich dein Herz fühlt, wenn du mit anderen umgehst und besonders wenn du Menschen kennenlernst. Es spielt dabei zunächst keine Rolle, ob du neue Kollegen, Freunde oder den passenden Partner suchst. Denn es gibt einen Teil in dir, der weiß, ob dieser Mensch, mit dem du gerade sprichst, nette Nichten, Nachbarn oder Kollegen hat, denen du begegnen solltest.
Dieser Teil in dir ist die Quelle deines Seins, deine Verbindung mit dem Ganzen. (Wenn du daran nicht glaubst, hat es übrigens nicht viel Sinn, Bücher von mir zu lesen.)

Nun gut, ich habe schließlich auch mal zu den ganz coolen Skeptikern gehört. Denk dir einfach, dass auf subatomarer Ebene nachgewiesenermaßen alles *eins* ist, mit allem anderen verbunden ist und ständig Informationen austauscht.

Gib dir selbst eine Chance. Schließlich bestehst auch du aus nichts anderem als aus Atomen und bist damit ein Teil des Ganzen, der schwingungsmäßig ständig Informationen mit dem Ganzen austauscht. (Sollten dich hierzu die neuesten Forschungsergebnisse der Wissenschaft interessieren, lies z. B. das Kapitel »Subatomare Navigation« in »Cosmic Ordering – Die neue Dimension der Realitätsgestaltung aus dem alten hawaiianischen Ho'oponopono«. Das Global Scaling Institut befasst sich mit diesem Wissen. Oder lies in meinem kostenlosen Online-Magazin auf www.baerbelmohr.de den Artikel »Intelligente Materie«.

Gib dem Teil in dir eine Chance, der mit dem Ganzen verbunden ist, und probiere es aus, ob du mit offenem Herzen ganz neue fruchtbare Kontakte knüpfen kannst, wenn du auf deine Gefühle achtest.

Was die Berufung mit der
großen Liebe zu tun hat

Erinnern wir uns an die Bankangestellten, die 87 Prozent der Zeit, die sie am Arbeitsplatz online sind, auf den Websites von Kontaktbörsen verbringen. Erstens: Offenbar ist dieser Aufwand nicht sonderlich effektiv – sonst würden die Leute schneller fündig und müssten auf Dauer dort nicht so viel Zeit verbringen. Zweitens: Die Leute scheinen beruflich auch nicht allzu hoch engagiert zu sein.

Die dpa gab am 8.5.2008 eine Meldung heraus: Umfragen hätten ergeben, dass sich nur 12 Prozent der Befragten ihrem Arbeitgeber gegenüber verpflichtet sehen und im Job engagiert und motiviert sind.

Mit Verlaub gesagt: Der mangelhafte Einsatz führt ebenfalls zu keiner besonders attraktiven positiven Ausstrahlung. Das lasche Verhalten ist wieder typisch für den Frosch, der eine Prinzessin sucht, um durch sie aus dem grauen Alltag erlöst zu werden. In modernen Zeiten wartet man halt nicht im düsteren Brunnen auf den herabfallenden goldenen Ball, sondern man sitzt am grauen Arbeitsplatz und sucht im Web nach dem ersehnten Liebhaber.

Mach es umgekehrt. Werde ein Prinz, eine Prinzessin und sorge dafür, dass du in deinem Beruf voll aufgehst und dich nach erfüllter Arbeit wonnig und positiv fühlst. In diesem Zustand werden die Frösche bei dir Schlange stehen. Und wenn es ganz gut läuft, triffst du sogar einen anderen schon selbstständig erwachten Prinzen. Dann braucht ihr euch nicht mehr zum erlösenden Kuss aufzuraffen. Dann küsst ihr euch, weil euch beiden mächtig danach zumute ist. Das kann auch ganz schön sein.

Dabei ist dein Einkommen Nebensache. Einem Menschen mit offenem Herzen ist es vor allem wichtig, dass du glücklich bist bei dem, was du tust. Egal ob du mit deiner Berufung schon hervorragend verdienst oder ob du gerade erst begonnen hast, ihr nachzugehen, und der Geldfluss sich noch entwickeln muss: Er wird froh sein, wenn du froh bist, denn fast 90 Prozent sind offenbar beruflich äußerst unfroh. Es ist anstrengend, ständig beruflich Frustrierte um sich zu haben.

Wie werde ich glücklich im Beruf? Wie finde ich meine Berufung? Fragen, die den Rahmen dieses Buches sprengen und ein eigenes Buch ergeben würden. Im Anhang findest du daher nur ein paar Tipps.

Sieh es positiv: Falls du gerade Single bist, hast du umso mehr Zeit, dich um deine Persönlichkeitsentwicklung und Beruf(ung)sfindung zu kümmern. Sobald du diese beiden Bereiche abgedeckt hast, brauchst du eh keine Singlebörse mehr, weil deine Aktien auf dem Partnerschaftsmarkt von ganz alleine steigen. Deine Ausstrahlung wird einfach positiver.

Solltest du beruflich vollkommen zufrieden sein, gehörst du offenbar einer Minderheit von 12 Prozent an. Damit stichst du positiv aus den Massen heraus. Die Frösche werden dir nur so hinterherhüpfen. Und du kannst wählen, welchen du dabei unterstützt, selbst ein Prinz zu werden.

Wenn sich zwei Frösche beim Blind Date anstarren und frustriert die innere Gewissheit ausstrahlen: »Du hast auch nicht die Kraft, den Prinzen in mir zum Vorschein zu bringen«, dann werden auch zwei Frösche alleine wieder nach Hause wandern. Nichts hat sich geändert – kein Wunder: Zwei Leute mit Defizit auf einem Platz, das ist einfach schwierig.

Partnerfindung und das Führen einer glücklichen Beziehung ist ein ganzheitliches Thema. Du brauchst eine ordentliche Portion Dankbarkeit für dein Leben und ein wohltuendes Maß an Freude über dein Dasein. Und du musst ein Minimum an Kapazitäten offen haben, anderen etwas zu geben.

Gleich zwei Menschen in unserem Bekanntenkreis haben in den letzten Wochen ihren Partner verabschiedet, weil er ihnen zu hartherzig erschien. Nicht nur, dass diejenigen nie helfen wollten – sie setzten auch privat nur ihre eigenen Interessen durch und machten nie etwas mit, was dem anderen am Herzen lag. Das Härteste war aber, dass in beiden Fällen die Partner versuchten, unsere Bekannten davon abzuhalten, andere zu unterstützen, die Hilfe gerade dringend nötig hatten. Sie wurden sogar sauer und redeten von »Helfersyndrom«, »Die sollen halt arbeiten«, »Das geht uns doch nichts an« etc.

Soweit ich die Lage von außen beurteilen kann, habe ich jedoch in beiden Fällen den Eindruck, dass die beiden Aussortierten nicht wirklich hartherzig, sondern vielmehr beruflich frustriert sind: Deshalb sind sie energetisch so bedürftig, dass sie einfach keine Kapazitäten für andere mehr offen haben.

»Der hat immer etwas zu geben, dessen Herz voll ist von Liebe.« (Aurelius Augustinus)

Die zwei haben ihr Herz verschlossen – aus tiefem Frust. Sie haben das Gefühl, mit ihrer Liebe haushalten zu müssen, weil sie so wenig davon haben. Sie verstehen nicht, dass die Liebe weiter schrumpft, wenn sie sich so verschließen. Jetzt sind sie jedenfalls gerade beide ihre Partner los.

Die Basis des Problems scheint mir zu sein, dass beide nach der Arbeit völlig platt und energielos sind und nur noch verzweifelt versuchen, ihre eigenen Batterien wieder aufzuladen – womit sie bei den starken Defiziten aber nie fertig werden.

Es ist daher auch für die Beziehungsfähigkeit wichtig, seine beruflichen Angelegenheiten zumindest einigermaßen erfüllend und zufriedenstellend zu arrangieren. Das kannst aber nur du alleine schaffen und für dich erreichen. Hör auf, nach einem Prinzen Ausschau zu halten, der dich mit seinem weißen Pferd auf sein Schloss holt, oder nach einer froschküssenden Prinzessin, die dich erlöst.

Sobald man bereit ist, die Verantwortung für sich selbst zu übernehmen, können sich jederzeit auch zwei Frösche zusammentun, sich gegenseitig Kraft geben und sich gemeinsam auf den Weg zu einem lichtvolleren Dasein machen. Das ist ein super Teamwork – vorausgesetzt, jeder ist frei von der Erwartung, der andere werde die Verantwortung für ihn übernehmen, und beide lassen dem anderen den Raum, sich auch um sein eigenes Leben zu kümmern.

Zur Erinnerung: Die erste Möglichkeit liegt darin, selbst ein Prinz oder eine Prinzessin zu werden und dann den Frosch wachzuküssen.

Als zweite Möglichkeit bietet sich noch an, dass sich zwei Frösche gemeinsam auf den Weg machen, Prinz und Prinzessin zu werden – eine prima Sache!

Aber gut, bei dir ist die Lage vielleicht gar nicht so schlimm. Du machst das Beste aus deinem Job, näherst dich der Berufung an oder hast sie schon. Und es fällt dir gar nicht ein, vom anderen zu erwarten, dass er dich aus deinem faden Alltag rettet. Du bist mit all diesen Bedingungen schon im Reinen – du bist kein reinrassiger Frosch mehr, sondern ein Großteil sieht schon verblüffend nach Prinz aus. Nur die Arme und Beine sind noch leicht grünlich. Dir fehlt bloß ein letzter Kick, um den Privatbereich zu optimieren.

Also sehen wir uns jetzt an, wie man sich selbst und seine Wünsche authentisch beschreibt. Wenn du bereits glücklich »verbandelt« bist, kannst du von dieser Stelle aus nahtlos zum übernächsten Kapitel springen.

Authentische Anzeigentexte
für Singles

In der altägyptischen Mysterienlehre (siehe www.
osiris-ag.ch) gibt es Hinweise auf Farben- und
Zahlensymbole, mit denen unsere Seele verrät,
wie sie sich in der idealen Partnerschaft fühlen
möchte. Das ist wichtig zu wissen, wenn man
beispielsweise einen Anzeigentext für eine Partnersuche aufsetzt. Denn wenn nur der Verstand
schreibt, was er sucht, wird auch nur der Verstand befriedigt und das Herz wundert sich, dass
es unberührt bleibt.

Mit Teilnehmern mehrtägiger Seminare habe ich
bis vor zirka acht Jahren manchmal einen kleinen
Farbtest für das Wunschgefühl in der kommen-
den Partnerschaft gemacht und danach einen
optimierten Suchanzeigentext für sie aufgesetzt
(den diejenigen dann mit eigenen Worten umge-
schrieben haben; es geht nur um die Qualitäten,
die der Seele wirklich wichtig sind).
Diesen Farbtest kannst du jetzt selbst machen –

und zwar gleich ohne Farben und in vereinfachter Form. Ich schreibe dir einige der Basisgefühle auf und du kannst hineinspüren, welche Möglichkeit dir davon am wichtigsten ist. Sei ehrlich beim Auswählen und Ankreuzen. Bis jetzt ist schließlich keiner da, der zusieht.

- Dir ist es wichtig, dass man im Umgang miteinander vor allem ...
  höflich und respektvoll ist
  liebevoll und zärtlich ist
  einen intellektuell klugen Austausch pflegt

- Du bist im Umgang mit anderen ...
  eher aktiv
  eher passiv

- Du bist im Umgang mit anderen ...
  charmant und gefühlsbetont
  nachdenklich und in dich gekehrt

- Deine Priorität liegt darin, dass du ...
  oft Antrieb von außen suchst
  gerne andere mitreißt

Es ist gut, den anderen wissen zu lassen, wie du im täglichen Leben bist und was du dir wünschst.

Ein intellektueller Typ ist frustriert, wenn der andere nur »rumbusseln« und wenig reden will, und umgekehrt.

- Egal wie du dich nach außen gibst – oft sieht es im Kern und im Herzen ganz anders aus. Was ist dir in deinem innersten Wesenskern am wichtigsten?
  Abenteuer und Aktivität
  Treue und Zuverlässigkeit
  Romantik und lebendiger Gefühlsaustausch
  Praktische Intelligenz

- Was trifft am meisten auf dich zu?
  Du findest dich leicht mit Situationen ab
  Du bist der Kämpfertyp, der stets etwas Neues erreichen will

- Was gilt für dich?
  Du bist selbst schöpferisch
  Du lässt dich lieber auf Vorhandenes ein und machst dabei mit

- Wie viel Zeit brauchst du im Hinblick aufs Denken, Entscheiden und Handeln?
  Du bist eher langsam
  Du bist schnell

- Bist du belastbar oder eher nicht?

- Bist du ein Steh-auf-Männchen oder meist sehr ruhebedürftig?

- Hast du einen starken Willen?
  Ja
  Eher nein

- Bist du kooperationsbereit und anpassungsfähig?
  Ja
  Eher nein

- Was ist dir wichtiger: Vernunft oder Romantik?

- Bist du vorsichtig oder abenteuerlustig?

- Bist du sensibel oder dickhäutig?

- Hältst du dich gerne im Hintergrund oder stehst du lieber im Mittelpunkt?

Vielleicht ist dir beim Durchsehen der Fragen schon klar geworden, wie du bist und was du einem potenziellen neuen Partner über dich verraten möchtest, damit sich der richtige angesprochen fühlt.

Du kannst auch weitere Punkte finden, wenn du dich vor den Spiegel stellst und dich fragst, a) wie du nach außen wirkst, b) wie du im Herzen bist und c) was dir im innersten Kern am wichtigsten ist.

Oder du kannst den *Tiertest* machen:

1. Schreibe spontan dein momentanes Lieblingstier auf und notiere, welche Qualitäten du an diesem Tier besonders schätzt.

2. Fühle dann in dein Herz hinein: Welches Tier ist das Lieblingstier deines Herzens? Schreibe wieder auf, welche Qualitäten dir an diesem Tier besonders wichtig sind.

3. Stelle dir nun vor, du wärst deine Seele, dein Wesenskern. Welches wäre nun dein Lieblingstier? (Es kann auch mehrmals dasselbe Tier sein!) Notiere wieder die Qualitäten.

Tier 1 steht dafür, wie du dich äußerlich gibst. Tier 2 sagt aus, was dich im Herzen bewegt. Und Tier 3 ist dein Wesenskern – so wie du auf

lange Sicht am ehesten bist und was dich aus-
drückt.

Waaas? Nein, so bin ich niemals!
Okay, dann nimm den Tiertest als Orientierung,
um dich noch mal auf einer ganz anderen Ebene
zu fragen, wie und wer du wirklich bist.

Beispiel eines Seminarteilnehmers:
1. Eisbär
2. Delfin
3. Eule

Der Typ war äußerlich etwas cool (ganz im
Ernst!), im Herzen sehr verspielt und im Kern
sehr weise. Ich fand, er hat sich mit diesen drei
Tieren toll beschrieben. Er selbst meinte, am Eisbär fasziniere ihn die Reinheit, die das Tier für
ihn symbolisiere – so ganz in Weiß und dabei
stark und klar. Nun gut, wenn er das so sieht,
ist das seine Wahrheit und damit die wichtigste
Wahrheit.

Die Ergebnisse einer Teilnehmerin:
1. Delfin
2. Bär
3. Pferd

Diese Frau ist äußerlich sehr quirlig und fröhlich, im Herzen ist sie aber sehr konservativ und liebt Veränderungen gar nicht. Sie fand die stabile Ruhe und das Erdverbundene am Bären so angenehm. Im Pferd sieht sie ein edles, wertvolles Tier voller Anmut und Schönheit. Ja, ich denke, dass sie relativ wenig Probleme mit mangelnder Selbstliebe hat. Sie kann sich selbst genießen – was eine hohe Qualität ist.

Eine andere Betrachtungsweise des Tiertests sieht so aus:
Tier 1 symbolisiert, wie du dich selbst siehst.
Tier 2 gibt an, wie dich die anderen sehen.
Tier 3 sagt, wie du sein möchtest oder noch werden willst.

Überleg dir auch diesen Aspekt.
Aus den nun gesammelten Daten kannst du eine Anzeige formulieren, die wirklich *dich* beschreibt und die einen authentischen Eindruck vermittelt von dem, wie und wer du bist.

Nun aber kommen wir zur alles entscheidenden Frage. Sie lautet *nicht:* Wie soll der andere sein? *Sondern:* Wie möchtest du dich in der Partnerschaft fühlen?

Dazu kannst du das Ergebnis aus der »*Idealpartner herbei-fühl-wünschen*«-Übung (siehe Kapitel »Den neuen Partner beim Universum bestellen«) nehmen, als Suchtext formulieren und zum Gesamttext dazustellen.

Beschreibe in deiner Suchanzeige, wer du bist, wie du bist und wie du dich in deiner Beziehung fühlen möchtest.

Damit erreichst du eine meilenweit bessere Trefferquote, als wenn du über deinen Musikgeschmack, deine Hobbys und Lieblingssportarten referierst. Völlig verquer wird es, wenn jemand dabei nicht einmal die Wahrheit sagt. Statt »Volksmusik, Stricken und Spaziergänge im Regen« schreiben wir doch lieber: »Aktuelle Chartsongs« (das mögen ja viele, oder?), »Klettern« (ist doch gerade in, nicht wahr?) und »Theaterbesuche« (hab ich schon als Kind gehasst, hört sich aber gut an). Logisch, der Partnersuchende benimmt sich dann wie ein als Wolpertinger verkleideter Frosch. Das Ergebnis kann nur beängstigend sein.

Hier zwei Beispiele von authentischen Anzeigentexten, die ich in grauer Vorzeit für zwei Seminarteilnehmerinnen geschrieben habe (zumindest eine von ihnen ist inzwischen verheiratet, von der anderen weiß ich es nicht):

- »Ich bin sehr bewusst im Umgang mit anderen und der eher pragmatische Typ. Ich wünsche mir einen Partner, der liebevoll mit mir umgeht. In meinem Herzen, weiß ich, sitzt eine starke Liebesfähigkeit – und die wünsche ich mir auch von dir, denn was ich suche, ist eine dauerhafte, zuverlässige und belastbare Partnerschaft. Das ist auch etwas, von dem ich dir versprechen kann, es in die Partnerschaft einzubringen. Meine Freunde können sich immer auf mich verlassen – und so soll es erst recht für meinen Partner sein. Ich wünsche mir einen Partner, der – genau wie ich – in Krisenzeiten gerne für andere da ist. Das wichtigste Gefühl in der Partnerschaft ist für mich die Geborgenheit für beide. Wenn du dich angesprochen fühlst, freue ich mich auf deine Zuschrift.«

Ganz klar, so ein Text entspricht nicht den Prioritäten von jedermann. Viele fänden das viel zu uncool und wollten sich auf keinen Fall so darstellen. Wenn du jedoch so bist, wäre es Zeitverschwendung, irgendetwas anderes zu schreiben, nur um statistisch gesehen bei mehr Leuten gut anzukommen. Du willst doch keinen Wettbewerb für die meisten Zuschriften gewinnen. Lieber eine einzige passende als tausend unpassende Zuschriften.

- »Ein gefühlsbetonter und charmanter Umgang mit anderen Menschen ist ein großes Anliegen und eine große Freude für mich. Ich bin eine abenteuerlustige, sinnliche Frau mit einem sehr aktiven Gefühlsleben und suche einen Mann, den diese Seite von mir belebt. Den Herausforderungen des Lebens begegne ich trotzdem meist auf eine sehr praktische Weise und tendiere eher zum Runterschlucken von Ärger als zum lauten Hinausschreien. Ich wünsche mir einen Partner für Sinnlichkeit, Sport und tiefe Gefühle – einen, der ein stabiler Ruhepol in meinem Leben sein möchte. Mein Wunschgefühl in der Beziehung ist Lebendigkeit: sich gegenseitig anzuregen und zu befruchten und nie in einen Alltagstrott zu fallen. Ich weiß, dass dafür Einsatz vonnöten ist, und ich bin bereit, meinen Teil beizutragen.«

Diese Frau ist ein ganz anderer Typus, und wie man am Text erkennen kann, sucht sie eigentlich noch den Prinzen für ihre Froschanteile: Sie ist emotional eher instabil und sehnt sich nach einem

Mann, der ihr mehr Ruhe und Sicherheit bringt. Trotzdem soll er so belebend wie Champagner und nicht langweilig sein – ruhiger Champagner quasi. Wer weiß, ob es »ihn« bislang gegeben hat. Falls die Anzeige jemanden angesprochen hat, dann passte er emotional zu diesem Muster. Denn man fühlt diese Frau in der Anzeige, bei der ich nur die sich aus den Tests ergebenden Worte zusammengefügt habe; viel mehr habe ich nicht gemacht. Das war einfach das Ergebnis.

Wenn du hingegen nur deine Hobbys und deinen Musikgeschmack beschreibst, kann dich niemand fühlen. Dann wird die Suche sehr mühselig.

Lass andere Menschen fühlen, wer du bist, dann bist du auf dem richtigen Weg. Die Singlebörse ist dann bald nicht mehr nötig – zumindest nicht, wenn du es schaffst, deine wundervolle neue Beziehung zu achten, anstatt sie mit eventuellen alten Beziehungsmustern zu zerbröckeln. Aber denen rücken wir in den folgenden Kapiteln zu Leibe.

Eigenverantwortung
in der Beziehung

Wer trägt die Verantwortung dafür, dass die Beziehung gut läuft? In der Regel schieben wir sie gerne »dem anderen« zu. Der andere macht das Gleiche – und schon haben wir den Salat. Keiner übernimmt die Verantwortung, aber jeder gibt dem anderen die Schuld.

Ulrike und Manfred haben einen Deal verabredet: An »ungeraden« Tagen hat sie recht, während er an allem schuld ist; an »geraden« Tagen ist es umgekehrt. Das finde ich sehr lustig. Es nimmt definitiv die Tragik und das Gefühl, sich verteidigen zu müssen, aus den Beziehungsproblemen.

Die Beziehungs- und Paartrainerin Gigi Tomasek hat vor Jahren damit begonnen, mit Frauen zu trainieren, wie sie ihren Partnern (egal ob Geschäfts- oder Beziehungspartner, ja selbst für

Söhne gelten dieselben Regeln) beibringen, sie als Partnerin glücklich zu machen. Denn eigentlich, so Gigi, macht die Männer nichts stolzer, als wenn die Partnerin glücklich mit ihnen ist. Man muss sie nur coachen, wie es geht.

Umgekehrt gilt im Grunde das Gleiche; deshalb hat Gigi längst genauso viele Männer als Kunden: Beruflich und privat glücklich sind nicht nur diejenigen Männer, hinter denen eine schlaue Frau steht, sondern solche, die erfolgreich in ihrer eigenen Mitte ruhen und die Verantwortung für sich selbst sowie für das Gelingen ihrer Beziehungen tragen.

Laut Gigi sind auf Dauer nur diejenigen Beziehungen glücklich, in denen mindestens einer von beiden zu 100 Prozent die Verantwortung für das Gelingen der Beziehung übernimmt. Noch besser ist es, wenn sich beide hundertprozentig verantwortlich fühlen.

Andrea, eine Seminarteilnehmerin, beschrieb ihre eigene Beziehungskarriere sinngemäß so: »In Phase eins meines jugendlichen Übermutes war ich überzeugt, mein Ritter oder Prinz auf weißem Schimmel müsse mich erretten – vor dem giftigen Apfel oder was auch immer. Jedenfalls war ich überzeugt, dass er a) mich rettet und b) somit auch hauptverantwortlich für das Gelingen unserer Beziehung ist. Wer sonst sollte stark genug sein, die Verantwortung zu übernehmen, wenn nicht der weiße Ritter? Okay, es wird keinen wundern, zu hören, dass das nicht besonders gut geklappt hat. Es folgte also Phase zwei: die geteilte Verantwortung, sozusagen 50:50. Aber ich kann nicht sagen, dass das jetzt wesentlich besser funktionieren würde. In modernen Beziehungsratgebern liest man neuerdings, eine Beziehung funktioniere erst, wenn einer zu 100 Prozent die Verantwortung übernimmt! Also, das verstehe ich nicht. Wie soll denn das gehen? Ich kann doch nicht verantwortlich dafür sein, wie der schwarze Ritter drauf ist! (Kleiner Scherz, das mit dem ›schwarzen‹ Ritter. Ich meine halt einen, der grad stinkig ist.)«

Ich habe ein paar Anregungen dazu. Überprüfe in deinem Herzen, was davon für dich anwendbar und brauchbar ist:

Die geteilte Verantwortung ist etwas Schönes, birgt aber ihre Tücken. Da brauche ich nur an die geteilte Verantwortung aller Eltern an manchen sehr alternativen Privatschulen zu denken: Es wird zwar stark kommuniziert und es gibt endlos viele Treffen, aber fast nie wird etwas in die Tat umgesetzt. Irgendeiner will es nämlich unbedingt ein bisschen anders haben, womit allerdings der Rest nicht einverstanden ist, weshalb gleich die nächsten drei Meetings angesetzt werden etc.

Trägt jedoch einer die Hauptverantwortung oder gibt es klare Abstimmungsregelungen im Hauptkomitee, während sich der Rest als Informationsteam versteht, dann werden qualifizierte Informationen von verschiedenen Seiten zusammengetragen. Einer (oder ein kleines entschlussfreudiges Gremium) entscheidet, sodass der Plan schnell und unkompliziert umgesetzt werden kann. So bewegt man die Welt.

Andrea wollte also wissen, wie sie die Verantwortung für die Launen ihres Partners übernehmen könne.
Kann sie natürlich nicht. Wie die Redewendung schon sagt: Wenn er sich ärgert, dann ärgert *er sich*. Niemand anders ärgert ihn! Er ist der Chef über seine Gefühle und trägt die Verantwortung dafür, wie er wann auf was reagiert.

Aber mal ehrlich: Haben wir nicht alle schon durch versteckte, aber nicht minder gezielte Provokationen unseren Partner zur Weißglut getrieben? Wir waren gerade nicht in friedlicher Stimmung und konnten uns die eine oder andere Spitze, Ironie oder das Aufwärmen eines uralten Vorwurfs nicht verkneifen.

Wer ist nun verantwortlich für die schlechte Stimmung?

Der andere ärgert sich immer noch über mich – und es liegt in seiner Verantwortung, so zu reagieren. Dennoch bin ich in so einer Situation verantwortlich dafür, dass ich eine Situation geschaffen habe, in der es recht naheliegend war, verärgert zu reagieren.

Kurz gesagt: *Du bist verantwortlich für deine Stimmungen und dafür, worüber du dich ärgerst.*
Du bist aber auch verantwortlich dafür, wie leicht oder schwer du es deinem Partner machst, freundlich oder genervt zu reagieren. Übernimmst du dafür die hundertprozentige Verantwortung und richtest du deinen Fokus immer darauf, das Beste im anderen zu aktivieren, dann erst übernimmst du auch in vollem Umfang die Verantwortung *für dich.*

Achtung, es versteht sich wohl von selbst, dass es zu keinem gescheiten Ergebnis führt, stets den Partner mit Sticheleien, Bloßstellungen vor Freunden und sonstigen Provokationen und Racheakten zu nerven und dann zu jammern, wie schlecht es in der Beziehung läuft, weil der andere so fies drauf ist.

Es ist deine Verantwortung, ob du deinen Partner wie den besten der Welt behandelst (und damit diese Seite in ihm förderst) oder ob du ihn behandelst wie zweite Wahl und damit Stinkstiefel- und Xanthippen-Verhalten förderst.

Dein Partner ist schlecht drauf – okay, das ist erst mal sein Bier. Deine Verantwortung heißt nun, ganz in deiner Mitte zu bleiben, dich auf deine Selbstliebe zu fokussieren, es dir mit dir selbst trotzdem gut gehen zu lassen und darauf zu vertrauen, dass die trübe Laune des anderen bald verflogen sein wird.

Womöglich bekommst du eine Eingebung, wie du dem anderen aus seiner gegenwärtigen Stimmung heraushelfen kannst. Aber ganz aus deiner Mitte und Kraft heraus, nicht ängstlich und dich anbiedernd! Übernimm die Verantwortung für die Energie und Stimmung, die du beisteuerst.

Wenn du stattdessen zu schmollen anfängst: »Wie kann der andere schlecht drauf sein, wo er doch mich hat?!«, nutzt du deinen Teil der Verantwortung ungünstig, denn du machst damit alles noch schlimmer.

In diesem Sinne kannst du die Verantwortung dafür übernehmen,

- wohin du deinen Partner »treibst«;
- welche Stimmung und Energie du in jedem Moment in die Partnerschaft einbringst;
- wie und womit du deinen Partner positiv unterstützt (oder im negativen Fall: ihn behinderst).

Zu deiner Verantwortung gehört auch, für welche »Richtung« du dich entscheidest:

- Begegnest du deinem Gegenüber mit Vertrauen oder aber mit Skepsis? Beides führt zu völlig unterschiedlichen Ergebnissen im Alltag.
- Übst du dich in Dankbarkeit für die guten Seiten deines Partners oder richtest du deinen Blick dauernd auf die Mängel?
- Wenn der andere rote Knöpfe bei dir drückt: »Flippst« du dann aus oder betrachtest du die Situation als Gelegenheit zur Selbstreflexion und Selbstheilung?

Es gibt auch versteckte Verantwortungen, die nicht so leicht aufzuspüren sind. In so einem Fall kann das »Hoppen« helfen. (»Hoppen« ist unser Spitzname für die Methode, die auf dem alten hawaiianischen Ho'oponopono basiert; siehe dazu die Übungen im hinteren Teil des Buches.)

Einer unserer Klienten klagte darüber, dass seine älteste Tochter bei ihrem Unistudium so unmotiviert war. Sie sei doch so intelligent, und er – Karrieremann total – lebe ihr doch nun wirklich vor, wie wichtig eine gute Ausbildung sei und wie weit man es im Leben bringen könne. Er wollte, dass seiner Tochter später alle Chancen offenstünden, und dafür seien nun mal gute Abschlüsse und Ausbildungen wichtig.

Er hatte zwei Freunde mitgebracht und wir mehrere Trainer. Und wir hoppten das Thema: »Wenn ich die Tochter wäre, warum würde ich so handeln?« Und: »Wenn ich der Vater wäre, womit hätte ich mir die Situation erschaffen?«

Was wir herausbekamen, als wir beim Hoppen hineinspürten, war erstens: Der Vater war zwar beruflich supererfolgreich, aber er besaß selbst keine abgeschlossene Ausbildung. Er hatte mittendrin abgebrochen, war seinen Neigungen nachgegangen und damit sehr erfolgreich geworden!

»Ja aber«, meinte er dazu, »das war damals. Das läuft doch heute so nicht mehr.«

Zweitens: Die Tochter – das kam ebenfalls beim Hoppen heraus – hatte aber wohl unterbewusst das Gefühl, dass ihr eigener Vater ihr den Spaß am Leben, den er sich selbst genehmigt hatte, nicht gönnte.

Drittens: Die Mutter des Mädchens zeigte keinerlei Ambitionen, selbst einem anderen Beruf als dem der Hausfrau nachzugehen. Sie genoss ihre Position als wohlhabende Ehefrau.

Nun orientieren sich Mädchen aber unterbewusst am Vorbild der Mutter und nicht an dem des Vaters. Da kann sich der Herr des Hauses den Mund fusselig reden. Wenn die eigene Mutter vorlebt, dass man keine Ausbildung braucht, um bestens zu leben, warum sollte sich die Tochter dann diesen Drill gefallen lassen?

An der Stelle blieb dem Mann kurz der Mund offen. Er begriff plötzlich, woher wohl die Verhaltensmuster seiner Tochter kamen: Sie wollte ihn nicht ärgern, sie war auch nicht generell uneinsichtig, sondern sie folgte unterbewussten Programmen.

»Ja aber« – im »Ja aber«-Sagen war er immer gut –, »ich möchte doch trotzdem, dass sie ihre Chancen nutzt. Wenn sie einen Mann wie mich findet und ihr die Hausfrauentätigkeit gefällt, dann ist es ja schön, aber wer sagt denn, dass sie nicht doch ihren Lebensunterhalt mal selbst verdienen muss oder will?«

Wir hoppten mit der Frage: »Wenn ich die Tochter wäre, was bräuchte ich von meinem Vater?«, und erhielten wieder viele Antworten. Am meisten sprach unseren Klienten die folgende Aussage an: »Ich brauche erst mal Wahrheit. Ich bin total verdreht im Gefühl. Ich höre, was Papa und Mama sagen, aber was sie selbst machen, ist etwas ganz anderes.«

Papa überlegte und kaufte fünf Beziehungsratgeber, die er seiner Tochter mit den Worten schenkte: »Ich glaube, ich habe dir zu viel Druck gemacht. Vielleicht möchtest du in Wirklichkeit viel lieber der Karriere deiner Mutter folgen. Dann brauchst du den ganzen Unikram nicht, sondern viel eher *das hier*.« Und damit drückte er ihr die Beziehungsratgeber in die Hand.
Die Tochter war verblüfft.

In den folgenden Wochen schien sie sehr nachdenklich. Nicht viel später schloss sie mit Bravour die nächste Prüfung ab und war auf einmal hoch motiviert. Zum Vater sagte sie, ihr sei bewusst geworden, dass sie auf keinen Fall nur Hausfrau sein wolle, dass sie aber genau darauf zugesteuert wäre. Sie habe das gar nicht gemerkt. Und außerdem, zur Sicherheit habe sie auch die Beziehungsratgeber gelesen; es sei ja nicht schlecht, sich beide Optionen offenzuhalten.

Papa war glücklich. Er hatte letztlich gespürt, dass dies der beste Weg für seine Tochter war, und er hatte, wie es schien, ausnahmsweise sogar recht gehabt (Eltern wissen bei Weitem nicht immer am besten, was gut für ein erwachsenes Kind ist!). Aber er war – völlig unbewusst allerdings – auch derjenige gewesen, der sie blockiert hatte.

Daran sieht man einmal mehr, wie sehr alles ineinander verflochten ist und wie wir uns alle gegenseitig beeinflussen – unbewusst und bewusst. Schuldzuweisungen sind schon deshalb unfruchtbar, weil mitunter so viele unsichtbare Puzzleteilchen das Gesamtergebnis beeinflussen.

Übernimm du die Verantwortung dafür, das Bestmögliche aus jeder Situation zu machen, und spür öfter mal in dich hinein, ob die Intuition noch einen guten Ratschlag in petto hat.

Klare Kommunikation
von vornherein

Ich gehe davon aus, dass du keine Beziehung um jeden Preis haben möchtest, sondern einen Partner, der mit dir glücklich ist. Das geht nur, wenn du auch mit ihm glücklich bist. Also ist es nützlich und ratsam, sich zu überlegen: »Wie stelle ich mir den Alltag in meiner Beziehung denn wirklich vor?«, und das möglichst bald und klar zu kommunizieren. Wenn du erst nach zwanzig Jahren sagst, dass du Bügeln oder Autowaschen hasst, hat der andere längst das Gefühl, ein Gewohnheitsrecht zu besitzen.

Die bisherigen Übungen haben dir gezeigt, wie du bist und was dir wichtig ist. Teile es dem anderen mit!

Für mich war das Thema »Freiheit in der Beziehung« immer das wichtigste. Das mag bei dir ganz anders sein. Aber nehmen wir es der Einfachheit halber als Beispiel, denn da kenne ich mich aus.

Wenn ich das Gefühl hatte, die Partnerschaft grenzt mich ein, bremst mich in meinem Selbstausdruck und beschneidet mich in meinen Freiheiten, dann war ich um die nächste Ecke wieder auf und davon. Lieber Single und für immer frei, als mich selbst auf dem Altar der Beziehung zu opfern. Das war klar für mich.

Ich war hochschwanger, als mir an einem Wochenende gleich zwei Frauen begegneten, die mich nicht – wie eher üblich – beglückwünschten, sondern mir beinahe kondolierten: »Na, dann steckst du bald auch in der großen Depression. Außer Windeln und Fläschchen gibt es dann nichts mehr in deinem Leben. Das ist wie ein Albtraum, der nicht mehr aufhört.« Charmant, gell?

Als ich anzumerken wagte, dass das ja nicht ewig so gehe, fügte die nächste melancholisch hinzu: »Meine Kinder sind dreizehn und elf Jahre alt – und ich habe immer noch das Gefühl, ich selbst bin gestorben und existiere nicht mehr.«

Den beiden lag offenbar der Freiheitsaspekt innerhalb ihrer Beziehungen ebenfalls stark am Herzen – im Hinblick auf ihre Partner und ihre Kinder. Sie hatten das Thema damals allerdings nicht gelöst. Inzwischen hat es zumindest eine

der beiden geschafft: Sie hat sich ein Au-pair genommen und ist halbtags berufstätig. Seitdem
fühlt sie sich gut und hat auch wieder Freude an
den Kindern.

Falls Freiheit für dich auch wesentlich ist: Es ist
ganz wichtig, nicht vom anderen zu erwarten,
dass er hellsieht, was du brauchst, sondern dass
du ihn detailliert darüber informierst – zur Not
gleich mit ungefähren Stunden- oder Tagesanga-
ben, wie viel Zeit du für dich brauchst, damit
erst gar keine Fehlinterpretationen auftauchen.

Wenn ich mich früher für einen Mann interessierte, erfuhr er – dezent natürlich – bei einem
der ersten Treffen, dass ich a) nicht kochen kann
und möchte, b) niemandem die Wäsche wasche
und c) soundso viel Zeit für mich selbst brauche. Selbstverständlich habe ich das nicht mit
der Hauruck-Methode kommuniziert. Es sollte
ja nur ein freundlicher Hinweis sein, damit er
wusste, woran er ist.

Es kommt übrigens immer schlecht an, als Erstes
ausgiebig über sich selbst zu referieren. Zeige am
besten zuerst Interesse am anderen und an seinen
Vorlieben. Zum richtigen Zeitpunkt – sofern es

sich gezeigt hat, dass ihr euch prima unterhaltet – kannst du ein paar wichtige Informationen über dich einfließen lassen. Beispielsweise so:

»Gestern war ich bei einer Freundin zum Essen eingeladen. Ich bewundere es ja, wie toll sie kochen kann. Mir liegt das gar nicht – vermutlich werde ich es in diesem Leben auch nicht mehr lernen ... Was isst du denn am liebsten?«

Nächstes Beispiel der dezenten Kommunikation:

»Meine Freundin Anne rief mich heute Morgen an. Sie braucht mal wieder ein Wochenende nur für sich, ohne ihren Mann, und sie hat mich eingeladen, mit ihr zur Wellness-Oase zu gehen. Da sind wir uns sehr ähnlich. Eine Beziehung, in der man stets alles gemeinsam macht, würde mir auch nicht so behagen. Zum Glück hat der Mann meiner Freundin auch eigene Freunde. Bei den zweien klappt das sehr gut. Triffst du dich öfters mit deinen Freunden? Hast du einen besten Freund? Was ist dir an der Beziehung wichtig?«

Das klingt, wenn man es an der richtigen Stelle ins Gespräch einflicht, wie einfach so dahingesagt, und trotzdem weiß der andere gleich, woran er ist. Manfred war meine Selbstständigkeit sehr recht, da er eigene Interessen hat und ein paarmal pro Jahr Seminare besuchen möchte. So wusste er bald, für mich wäre das kein Problem.

Eine wichtige Voraussetzung für eine positive Beziehung ist daher, dass du in der Lage bist, für dich selbst zu sorgen. Das heißt auch, dass du weißt, was du möchtest und was du brauchst, und dass du es klar mitteilst. Man findet vielleicht nicht in 100 Prozent der Fälle eine Lösung, sondern nur in 80 Prozent. Aber wer keine Entscheidungen trifft und seine Bedürfnisse nicht äußert, braucht sich nicht zu wundern, wenn die Partnerschaft dauernd anders läuft als gewünscht. Bevor wir hellsehen und telepathisch kommunizieren können, dauert es noch eine Zeit lang. Bis es so weit ist, sollten wir reden.

In deiner Mitte bleiben

Je mehr du die Verantwortung für dich übernimmst und für das, was du in der Beziehung
erschaffst, desto unwichtiger wird es, was dein
Partner tut.

Wann immer du dich über deinen Partner ärgerst, richte deine Wahrnehmung und deinen
Fokus zunächst weniger auf das, was er oder sie
tut, sondern als Erstes auf deine Reaktion:
Mein Partner führt sich auf? Lasse ich mich dadurch aus der Ruhe und aus meiner Selbstliebe
bringen? Nein!

»Wieso musst du gerade jetzt ...? Kannst du nicht ...?
Also jetzt mach doch mal ...! Du hast ja keine
Ahnung ... Du bist blöd ... Immer tust du ...«
Die alte, gesellschaftlich verankerte Reaktion auf
solche Äußerungen heißt: Luft holen und ärgern,
ärgern, ärgern – und schließlich aus der Energie
des Ärgers heraus zum Gegenangriff übergehen.
Fazit: Eine wenig effektive Reaktion deinerseits.

Alles wird schlimmer. Es gibt nicht selten richtigen Krach.

Ein neu zu übendes und zu verankerndes Reaktionsmuster würde dagegen heißen: Luft holen und in deine Körpermitte hineinspüren. Du sagst in Gedanken zu dir selbst: »Ich liebe mich so, wie ich bin. Ich mag mich, egal was du tust oder sagst.« Und: »Egal was du tust oder sagst, mir geht es gut mit mir selbst.«
Pause.

Die Pause ist wichtig: Erstens kann sich in dieser Zeit meine ungewohnte erste Reaktion auf den »Angriff« in mir setzen. Zweitens kann jetzt die energetische Auswirkung davon den anderen erreichen. Häufig ändert er schon seinen Tonfall, einfach weil ich ganz in die Energie gehe, stabil in meiner Mitte zu ruhen und mich selbst zu lieben. Die Liebe tut der Liebe nichts.
Es ist viel leichter, jemanden anzugreifen – egal ob mit Worten oder tätlich –, der Ärger, Stress, Gegenwehr und Rachegedanken aussendet, als jemanden, von dem eine Energie der Liebe ausgeht.

Wenn du konsequent und beständig in der Energie von selbstverständlicher Selbstliebe bleibst, aktivierst du die Liebesschwingung automatisch auch im anderen. Genial, oder?

Du brauchst dir in solchen Stressmomenten gar nicht die Liebe zum anderen abzuringen. Wenn du dich selbst liebst, sendest du genauso die Schwingung von Liebe aus. Deine Liebe zu dir spricht die Liebe im Wesenskern des anderen an, und je tiefer du sie im anderen berührst, desto weniger kann er noch respektlos mit dir umgehen.

Wichtig: Tief berühren mit deiner Liebe kannst du den anderen aber nicht, wenn du ihm aufopfernd oder gar ängstlich deine Liebe sendest. Im Gegenteil, das erzeugt Ablehnung. Nein, du ruhst ganz in deiner Liebe zu dir selbst, aus der heraus sich ganz natürlich auch die Liebe zum anderen ergibt.

Die Liebe zum anderen ergibt sich vollkommen natürlich aus gesunder, echter Selbstliebe!

Wenn ich mich selbst klein fühle, gestresst und voller Selbstzweifel bin, dann kann ich auch die Liebe zum anderen nicht »machen«. Was aus mir herauskäme, wäre keine echte Liebe und Freude am anderen, sondern ein verzweifelter Versuch, durch sich selbst aufopferndes Entgegenkommen die Wogen zu glätten. Das stachelt jedoch jeden normalen Menschen erst recht zur Ablehnung auf, weil das Unterbewusstsein den versteckten Vorwurf spürt: »Du bist so böse und gemein zu mir, dass ich aus Verzweiflung mein Selbst aufgeben muss, um mich zu retten.«

Natürliche Reaktion des Gegenübers: »Quatsch, ich bin nicht böse und gemein. Was soll das?« Der andere wird erst recht ärgerlich, ohne genau zu wissen, weshalb. Wo du doch gerade so super entgegenkommend warst (um nicht zu sagen: kriecherisch). Kriecherische Energien erzeugen Wut, Ablehnung und Verachtung oder Schuldgefühle: »Bin ich wirklich so schlecht, dass man sich neben mir verleugnen muss?«

Handelst du hingegen von einem Ort der gesunden Selbstliebe aus, die nichts mit Egoismus zu tun hat, sondern die einzige Schwingung ist, die auch echte Liebe zum anderen ermöglicht, dann fühlt der andere die dahinterstehende Botschaft: »Ich schimpfe zwar gerade vor mich hin, aber so schlimm bin ich ja nicht, denn offenbar kannst du immer noch in deiner Selbstliebe bleiben. Schöne Schwingung eigentlich, ja, irgendwie ansteckend ...« Und schon wird der Tonfall deines Partners wieder friedlicher.

Deswegen empfiehlt sich die zuvor erwähnte kleine Kunstpause nach der Feinjustierung deiner gefühlsmäßigen und energetischen Reaktion. Danach kannst du durchaus reagieren. Wichtig bei der Reaktion ist jedoch, in jedem Moment deine Motivation zu überprüfen.

Marshall Rosenberg (»Gewaltfreie Kommunikation«) formuliert es so: *Du kannst nur entweder recht haben oder Freunde haben. Beides gleichzeitig ist nicht möglich.*
Und bei Chuck Spezzano klingt es so: *Alles was keine Liebe ist, ist ein versteckter Ruf nach Liebe.*

Bevor du also verbal oder mit einer Handlung reagierst, solltest du entscheiden, was deine Priorität ist. Prioritäten, die meist zu wenig wünschenswerten Resultaten führen:

- Rache für den unfreundlichen Tonfall und den Angriff;
- Selbstverteidigung; Angst, Stress und Sorge, zu kurz zu kommen;
- Kampfhaltung: »Das lasse ich mir nicht gefallen ...«;
- recht haben wollen;
- gut dastehen wollen;

- alle automatischen Verhaltensmuster, die aus vergangenen Verletzungen resultieren.

Innere Prioritäten, mit denen man viel eher und schneller erreicht, was man mit den zuvor genannten Prioritäten meist vergebens zu erkämpfen versucht:

- Ich übernehme die Verantwortung für mich und meine Gefühle und ich bleibe in meiner Mitte und meiner Selbstliebe.
- Die Verbundenheit mit meinem Partner und die Nähe zu ihm sind mir wichtig. Ich möchte hören, was ihn wirklich bewegt, und darauf eingehen. Ich möchte, dass er weiß, er und seine Bedürfnisse sind mir wichtig. Gleichzeitig möchte ich ihm auf liebevolle Weise klarmachen, wie es mir mit seinem Verhalten geht – auch wenn ich auf jeden Fall die Verantwortung für meine Gefühle und meine Selbstliebe ganz bei mir lasse.
- Frieden in der Partnerschaft und der Ausdruck von Liebe sind die höchste Priorität.
- Ich bin mir dessen bewusst, dass ich die Verantwortung für mich trage und dafür, welche Qualitäten und Energien ich aussende. Mir ist es wichtig, in der Liebe zu bleiben. Sollte

mir das im Moment nicht gelingen, sage ich, dass ich ein paar Minuten Zeit brauche, und ziehe mich zum Durchatmen zurück, bevor wir das Thema weiterdiskutieren.

Ich passe damit auf mich selbst auf – und auf den anderen. Falls der andere beispielsweise herumbrüllt, wäre eine mögliche Reaktion, zu sagen: »Ich habe Sorge, dass wir in dieser Stimmung nicht zu einer positiven Lösung finden und dass wir unserer Beziehung Schaden zufügen. Unsere Beziehung ist mir wichtig; ich möchte sie erhalten. Mir ist auch wichtig, auf mich selbst aufzupassen; deshalb will ich nicht in dieser groben Art mit dir reden. Ich verlasse jetzt den Raum, aber ich wünsche mir, dass wir ausführlich über das Problem sprechen können, wenn wir uns beide beruhigt haben und zu einem normalen Umgangston fähig sind.«
Wenn du dies in einem Tonfall äußerst, der signalisiert, dass du stabil in deiner eigenen Mitte ruhst, ohne jede Anklage, nimmst du dem anderen den Wind aus den Segeln. Mit der Energie einer beleidigten Majestät, die sich zurückzieht und versteckte Vorwürfe ausstrahlt, ist dagegen alles nur halb so wirkungsvoll – oder hilft im schlimmsten Fall gar nichts.

Natürlich ist auch der andere wiederum verantwortlich für seine Reaktion. Gewiss, du kannst ihm dieses Kapitel unter die Nase halten und resigniert sagen: »Probier du doch mal – vielleicht geht es mir dann wieder besser. Ich bin zu unfähig, die Verantwortung für mich zu übernehmen; übernimm doch lieber du sie.«

Aber ich würde dich an seiner Stelle auf den Mond schießen ... Wenn du mir dagegen mit zuvor nie gekannter Souveränität und freundlicher Ruhe entgegentrittst, lässt mir die Neugier irgendwann keine Ruhe: »Sag mal, du bist so positiv. Wie machst du das?«

Und dann ist die Zeit reif, das Kapitel zu zücken und den Effekt zu verstärken, indem ihr beide mehr und mehr die Verantwortung für euch selbst und für die Energie übernehmt, die ihr ausstrahlt.

Beziehungsheilende Mantren

Wir benutzen im Alltag ständig irgendwelche Mantren – formelhafte Wortfolgen, die häufig wiederholt werden – und hypnotisieren uns unmerklich selbst damit. Wir sprechen sie nicht immer laut aus, sondern wiederholen sie oft unbewusst in Gedanken.

Ein paar typische Beispiele:

- Du hörst mir nicht zu. Schon wieder hörst du mir nicht zu. Immer hörst du mir nicht zu. Ich wusste es, dass du wieder nicht zuhören wirst.
- Ich fühle mich alleine, ich erreiche dich nicht, wir reden aneinander vorbei, dir ist meine Meinung nicht wichtig, immer machst du, was du willst, ich komme nie zum Zug.
- Wie kann man nur das und das tun? Das muss doch alles so und so sein! Wann wirst du endlich dies und das einsehen? Es muss auf jeden Fall so sein – ich weiß genau, dass

das am besten ist, doch warum siehst du das nicht ein? Du machst alles falsch, das kommt nicht infrage! Ich bestehe darauf, dass alles ganz anders ist. Wieso weigerst du dich so beharrlich, meine guten Ratschläge anzunehmen?

- Immer bist du so unnahbar und lässt mich schmachten. Ich wünsche mir mehr Nähe. Ich investiere so viel Geduld, Verständnis und gebe, gebe, gebe – und was ist der Dank? Nichts! Ich fühle mich so klein und bedeutungslos neben dir. Du bist so fantastisch, aber ich bin nichts.

- Ich vertraue dir nicht, du hast mir noch nicht bewiesen, dass du mich wirklich liebst.

Egal, wie dein nörgelndes »Mantra« lautet: Es ist nicht sehr beziehungsförderlich. Oft genug wiederholt, macht man damit innerhalb kürzester Zeit das beste Beziehungspotenzial zunichte.

In den folgenden Mantren steckt viel eher das Potenzial, das Beste aus jeder Partnerschaft herauszuholen:

Heiligkeits-Mantra

- Ich bin heilig. Mein Sein ist heilig und ich gehe achtsam und liebevoll mit mir selbst um, gerade weil ich erkenne, dass jeder Teil der Schöpfung auf seine Weise heilig ist, und ich bin es auch.
- Mein Partner ist heilig. Sein Sein ist heilig und ich gehe achtsam und liebevoll mit meinem Partner um.

Konkrete Anwendung: Grundsätzlich ist es bei all diesen Mantren gut, sie morgens nach dem Aufstehen und abends vor dem Schlafengehen einmal bewusst zu denken mit der Absicht, sie wirklich im Herzen zu fühlen. Fühle die Heiligkeit des Lebens, deines Lebens und des Lebens deines Partners.

Zusätzliche Anwendungsmöglichkeit im Alltag: Falls dein Partner etwas tut, das dich stört, und du schon Luft zum Nörgeln geholt hast, denk dein Mantra: »Ich bin heilig, mein Sein ist heilig. Du bist heilig, dein Sein ist heilig.« Und konzentriere dich darauf, diese Qualität im Herzen wahrzunehmen. Ist nicht sowieso alles Lebendige ein Wunder und heilig? Wie kannst du in diesem Moment das Wunder des Lebens am besten wertschätzen?

Und wie geht es dir jetzt? Passt deine ursprüngliche Absicht, zu kritisieren, noch zu diesem Gefühl oder möchtest du auf einmal etwas ganz anderes sagen?

Selbstliebe-Mantra

*   »Ich liebe mich selbst und ich erlaube mir, von anderen geliebt zu werden.«

Probier mal das Mantra, wenn dich zum Beispiel ein Verkäufer in einem Laden unhöflich anpflaumt. Denke und fühle im Herzen den Satz: »Ich liebe mich selbst und ich erlaube mir, von anderen geliebt zu werden.« Deine Ausstrahlung ändert sich. Sehr häufig kommt die zum Positiven veränderte Antwort sofort.

Eine Freundin von mir hat dieses Mantra eine Woche lang in Gedanken immer wieder rezitiert. Sie wollte die Auswirkungen auf ihre Ehe testen. Als Erstes reagierte jedoch die sechs Jahre alte Tochter. Das Kind knuddelt und kuschelt zwar gern, aber Küsschen mag es nicht. Es will weder welche haben, noch hat es je der Mutter eins gegeben. Und »Ich hab dich lieb« hat sie auch noch nie zu ihrer Mutter gesagt.
Nachdem die Mutter das Mantra eine Woche

lang angewendet hatte, kam die Tochter urplötzlich auf sie zugestürmt, rief: »Mama, ich hab dich ja soooo lieb!«, und küsste den ganzen Arm der Mama ab – und das ganze Gesicht mit dazu. Das war noch nie vorher da. Die Mutter war völlig platt über die durchschlagende Wirkung des Mantras.

Diesen Bericht fand ich so klasse, dass ich ihn kurzerhand in meinen nächsten Newsletter (siehe Homepage) aufnahm.

Prompt folgten zwei weitere Erlebnisse von Workshopteilnehmern meines Mannes:
Die eine meldete, nach gut 30 Jahren Ehe auf einmal wieder so verliebt wie im ersten Jahr zu sein (sie »hoppt« allerdings zusätzlich auch wie ein Weltmeister, siehe Teil 2 des Buches), und die andere berichtete, das gleiche Mantra angewendet zu haben, weil sie Probleme mit der Teenager-Coolness ihres Sohnes hatte. Und tatsächlich gehe er seitdem liebevoller mit ihr um und lasse sich gelegentlich sogar zu längst vergessen geglaubten zärtlichen Gesten ihr gegenüber hinreißen.

Mit einer Portion Wagemut kannst du folgendes Experiment machen:

Kleide dich so, dass es dem Durchschnittsbürger vermutlich etwas ungewohnt aufstoßen wird. Und dann ab in den Stadtpark! Lächle die Menschen an, die dir entgegenkommen, und grüße sie möglichst freundlich. Verliere dabei nie den Gedanken aus dem Sinn, dass du heute aussiehst wie eine aufgerüschte Vogelscheuche. Beobachte, was passiert.

Ja, ich weiß, auch ohne Vogelscheuchen-Styling reagiert der Stadtmensch verschreckt, wenn Fremde ihn anlächeln. Das macht nichts. Heute müssen sie den Härtetest bestehen: Vogelscheuche *und* Lächeln.

Nach einer Viertelstunde gehst du zu Teil zwei des Experimentes über. Äußerlich bleibt alles wie vorher: Lächle die Menschen, die dir entgegenkommen, an und grüße sie freundlich. Diesmal rezitierst du aber in Gedanken dein Mantra: »Ich liebe mich selbst und ich erlaube mir, von anderen geliebt zu werden!«

Wichtig: Du musst es im Herzen fühlen, sonst wirkt es nicht! Gib dein Bestes, um die Liebe zu dir selbst zu fühlen, und erlaube dir wirklich von Herzen, geliebt zu werden. Du bist es dir wert, du gönnst dir das Beste, denn du liebst dich.

Was passiert?

Verändert sich dein Gefühl zu den anderen? Ändern sich ihre Reaktionen? Wirst du vielleicht innerlich stabiler und unabhängiger davon, wie sie reagieren?

Um dich ein bisschen anzuspornen: Ich habe die Übung schon gemacht und bei mir war die Veränderung gigantisch! Selbst der Typ »spießiger Stinkmuffel« lächelte freundlich, wenn ich ganz im Gefühl meines Mantras schwelgte. Es funktionierte nicht bei allen, aber deutlich besser als zuvor.

Aber wehe, ich kam mir hässlich und fehl am Platz vor: Die zynisch-abfälligen Blicke, die ich dann erntete, konnten einem das Blut in den Adern gefrieren lassen.

Ich gebe zu, die Übung ist etwas extrem, aber auch extrem lehrreich. Wenn schon wildfremde Menschen im Park so unterschiedlich auf dich reagieren, wie reagiert dann erst dein Traumpartner auf dich, wenn du das Mantra »angeschaltet« hast?

Erinnere dich an das »Mantra« von Thomas Klüh: »Ich bin zu hässlich, um eine Partnerin zu finden.« Kaum hatte er ein neues Mantra, das in etwa lautete: »Auf die innere Schönheit kommt es an – und davon habe ich genug«, fanden sich auch haufenweise interessierte Damen ein.

Ich bin heilig.
Der andere ist heilig.
Wir beide sind heilige Wesen.

Ich liebe mich
und ich erlaube mir, geliebt zu werden.

Ich liebe mich
und ich erlaube mir die perfekte Beziehung.

Bei auftretenden Ablehnungsgefühlen denke:
Ich bin heilig.
Ich liebe mich.
Ich wünsche dir, dass du dich selbst liebst, denn du bist heilig.

Ist es sinnvoll, den Expartner zurückzubestellen?

Selbst wenn dich diese Frage scheinbar nicht persönlich angeht, hilft dir das Kapitel, vergangene Beziehungen zu klären. Es kann vieles verständlich machen, was dir an früheren Beziehungen bisher vielleicht seltsam vorkam. Und es erhöht das Verständnis für andere Menschen.

Weil mir die Frage sehr häufig begegnet, erscheinen mir die Antworten und Ansätze so wichtig, dass ich das Kapitel auch auf meiner Website www.baerbelmohr.de veröffentliche.

Zusammengefasst könnte man auf die Frage »Kann ich meinen Expartner zurückbestellen?« ganz schlicht mit dem Volksmund antworten: »Was du nicht willst, das man dir tu, das füg auch keinem anderen zu.« Aber ohne ein vertiefendes Verständnis gelingt es oft nicht, dies umzusetzen.

Manfred, mein Mann, und ich beschäftigen uns

mit diesem Thema seit meinem Gespräch mit einem Bekannten, der als Trainer und Coach tätig ist: Er hat bereits viele Frauen beraten, die gerne ihren Expartner zurückhaben möchten. Wenn unser Bekannter sie fragt, ob der Expartner sie noch liebe, dann heißt es meistens: »Er sagt Nein, aber ich fühle, dass das nicht stimmt ... Wie kann ich ihn überzeugen und zurückbekommen?«

Ich habe Manfred davon erzählt, denn auch wir werden mit dieser Frage bei Vorträgen und Seminaren sagenhaft oft konfrontiert. Manfred ließ das Thema keine Ruhe, sodass er gleich einen Beitrag aus seiner Sicht geschrieben hat:

Allgemeine Betrachtungen zur Expartner-Retour-Bestellung

Wenn ich sehr genau bestelle, zum Beispiel: »Es muss unbedingt Brad Pitt sein«, dann hat das Universum leider nicht viel Spielraum. Außerdem ignorierst du damit den freien Willen des anderen. Was würdest du davon halten, wenn dich jemand gegen deinen Willen »bestellt«? Jeder hat ein Recht auf freie Selbstentfaltung. Besser sind da immer Bestellungen der Art »Ich wünsche mir den Mann, der am besten zu mir passt«: Da ist die Auswahl wesentlich größer und es ist energetisch sauber, weil du alle sein lässt, wie sie möchten.

Bei mir persönlich war das auch so. Ich hatte mir 1999 einen Wunschzettel gemacht mit ziemlich vielen Eigenschaften, die meine Wunschpartnerin erfüllen sollte – und die erfüllt Bärbel auch. Allerdings war die Liste »nur« knapp zwei Seiten lang und eventuell nicht »ganz vollständig«. Das Universum ist eben schon sehr kreativ. So kam es, dass ich von Köln nach München umgezogen bin. Den Ort hatte ich nämlich nicht mitbestellt. Und davon, dass sie kochen können sollte, war auch nicht die Rede auf meiner Liste – tja …

Zwei wichtige Dinge lassen sich daraus erkennen: Hätte ich mir Köln als Wohnort meiner Wunschpartnerin mitbestellt, hätte der Wunsch vielleicht nicht erfüllt werden können; die Rahmenbedingungen wären dann zu eng gewesen. Und noch viel wichtiger: Um die »Bestellung abzuholen«, waren gewaltige Veränderungen in meinem Leben zu vollziehen: Umzug, neue Stelle, kompletter Wechsel des Umfeldes, neue Freunde, Weggang aus der Heimatstadt. Da fragt dich dein Herz: Bist du zu diesem Umbruch, zu dieser Transformation auch wirklich bereit?

Und, Hand aufs Herz, damals war das für mich eine schwere Entscheidung: Das Alte loszulassen; voller Zuversicht in das Neue zu gehen. Da kommen die Selbstzweifel: Schaffe ich das? Tue ich das Richtige? Der Mensch hängt eben sehr am Gewohnten, denn das gibt ihm emotional sehr viel Sicherheit.

Mit emotionaler Sicherheit hat wohl auch der Wunsch zu tun, den Expartner zurückzubekommen. Den kenne ich seit Jahren. Da sind wieder die Selbstzweifel: Werde ich einen neuen Partner finden? Schaffe ich es, alleine klarzukommen? Bin ich überhaupt so liebenswert, dass mich jemand für immer liebt?

Ist der Wunsch, den Expartner zu bekommen, überhaupt im Sinne meines Selbstwertes? Aus eigener Erfahrung (ich habe auch schon mal meine Expartnerin zurückbekommen) sehen diese »Verhandlungen« mit dem Expartner in etwa so aus: »Komm zurück, ich werde mich ändern, alles wird besser, du wirst sehen, ich kann auch ganz anders sein ...«

Moment mal! Wenn du anders sein willst, als du

eigentlich bist, damit dich jemand liebt: Kann es sein, dass du dich dann sowieso nur verdrehst, anpasst und dich nicht wirklich selbst so liebst, wie du bist?

Ganz grundsätzlich wage ich hier den sicher angreifbaren Vorstoß und stelle die These auf: Ein Partner, der dich verlässt, spiegelt dir nur eines: Du liebst dich selbst nicht genug. Vielleicht lebst du zu viel für den Partner, passt dich zu sehr an, traust dich nicht, auch mal was alleine zu machen. Vielleicht unterdrückst du in der Beziehung viele Seiten von dir, weil dein Partner signalisiert, dass er diese Seiten an dir nicht mag. Warst du wirklich du selbst in deiner Exbeziehung?

Kehren wir zurück zur Frage von oben: »Bin ich wirklich bereit, mich der Transformation zu stellen, die ein erfüllter Wunsch für mich bereithält?«

Ich hatte erzählt, dass ich für die Beziehung nach München umgezogen bin. Manchmal trauen wir uns aber nicht, die nötige Verwandlung zu vollziehen, wenn ein Wunsch vor uns steht und sagt: »Nimm mich an!« Etwa so wie im Märchen vom Froschkönig: »Igitt, den soll ich knutschen?«

Der Prinz kann sich erst entwickeln, wenn du den Mut hast, über eine gewisse Schwelle zu gehen. Du brauchst den Mut, aus dem Nest zu springen, damit du merkst, dass du fliegen kannst. Das kann wie bei mir das »Ja« zu einer Beziehung sein, die mit Umzug und völliger Veränderung der Lebensumstände zu tun hat. Das kann ein neuer Job sein, bei dem du vielleicht erstmals Personalverantwortung übernimmst, die du dir nicht zutraust. Das kann der Schritt in die Selbstständigkeit sein. Oder ein Bühnenauftritt. Oder die Gehaltsverhandlung mit deinem Chef, wenn du dir mehr Geld bestellst, usw.

Transformation bedeutet auch, das Alte loszulassen. Manchmal ist das Alte eben der Expartner, an dem man noch immer hängt. So wie eine Schlange die Haut abstreift, um wachsen zu können, so ist es vielleicht nötig, dass du eine neue Beziehung eingehst, in der du mehr du selbst sein kannst. Und dazu gehört, alle Hoffnung fahren zu lassen, dass es jemals wieder etwas werde mit deinem Expartner. »Hoffen und Harren hält manchen zum Narren« – dieses Sprichwort hat mir in solchen Trennungsphasen immer geholfen, denn der Schwebezustand –

»Hoffentlich nimmt er mich zurück!« – ist nur eines: eine Luftblase, die zerplatzen muss.

Aus Sicht der Gefühle ist klar: Was ich ablehne, ziehe ich an. Geh in einen Raum mit tausend Menschen und lehne eine bestimmte Art Mensch ab. Ganz sicher wird sich gerade so ein Mensch in deine Nähe setzen. Und so erzeugt ein Expartner natürlich eine unendliche Anziehungskraft auf dich, wenn er dich ablehnt. Davon ist schwer loszukommen, außer man ist sich der Zusammenhänge bewusst. Denn dieser unterbewusste Magnetismus hat wahrscheinlich weniger mit Liebe zu tun als mit vielerlei Ängsten meines Ichs, das sich selbst nicht genügend liebt.

Natürlich klappt der Trick auch umgekehrt (das ist aber ein Geheimnis, das unter uns bleibt, Leute!): Wenn ich den Expartner auch voll und ganz ablehne, erzeuge ich wieder eine Anziehungskraft auf ihn! Ätsch! Das klappt aber nur, wenn es ernst gemeint und wirklich ganz so gefühlt wird – ohne Netz, doppelten Boden und Rückversicherung.

Das ist das Beste, was ich zum Thema »Expartner zurückbestellen« sagen kann: Lass ihn wirklich ganz los! Schau an, was nicht geklappt hat, und vor allem überlege dir, welchen Anteil du daran hattest. Tue etwas für dich, um dich weiterzuentwickeln; unternimm etwas, das dir hilft, unabhängig zu werden und auf eigenen Füßen zu stehen. Arbeite an deiner Selbstliebe.

Geh deinen eigenen Weg und sei dir bewusst: Solange du so bist, wie du bist, wird sich die alte Beziehung nicht verändern lassen, auch wenn du dich noch so verbiegst. Für mich war das einer der wichtigsten Motoren, an Seminaren teilzunehmen und Selbsterkenntnis zu suchen: Mir wurde irgendwann klar, dass ich meine Welt erschaffe, und solange ich in einer Energie bin, in der mich meine Partner ablehnen oder nicht lieben, muss ich es aus mir heraus ändern.

Bevor ich mit Bärbel zusammenkam, hatte ich eine Phase, in der ich mich als »Baustelle« bezeichnet habe, in der ich wirklich innerlich wachsen wollte – damit sich meine Energie mehr zu Selbstliebe verändert, damit auch meine Partnerin diese Liebe für mich spiegeln kann. (Mehr über die Kraft der Gefühle findest du übrigens in unserem ersten gemeinsamen Buch »Fühle mit dem Herzen und du wirst deinem Leben begegnen«.)

So weit Manfred. Natürlich muss ich nun auch noch meine Gedanken dazugeben. Manfred sagt immer, ich sei der Mann in unserer Beziehung und hätte daher oft noch einen anderen Aspekt im Blickwinkel.

Ich hatte mal einen Exfreund; den mochte ich zwar und mag ihn auch irgendwie noch immer. Aber wenn mir einer sagen würde, ich müsste entweder in diesem Leben mit ihm auskommen oder ansonsten drei Leben lang Single bleiben, dann würde ich sofort die drei Single-Leben wählen! (Er auch, ich hab ihn gefragt.)

Wenn er daher sagen würde: »Die mag mich noch immer«, hätte er damit schon recht. Aber lieber würde ich in die Antarktis auswandern, ins Kloster gehen oder sonst was, als noch mal mit ihm zusammenzuleben.

Ich möchte mit diesem Beispiel nur Folgendes erklären: Ja, womöglich nimmt man zwar (richtigerweise) wahr, dass sich der Expartner oder die Expartnerin noch irgendwie mit einem verbunden fühlt, doch der- oder diejenige will und wird trotzdem nie und nimmer zurückkommen!

Mir ging es damals in dieser Beziehung nicht gut; mir ging es nicht gut mit mir selbst neben diesem Partner. Es ist mir nicht gelungen, mein

Selbst so auszudrücken, wie ich das möchte. Ich hatte das Gefühl, mir fehlte neben ihm die Luft zum Atmen.

Da kann die Grundanziehung sein, wie sie will: So was tue ich mir auf Dauer einfach nicht an. Wir fanden es beide seltsam. Und wenn er je auf die Idee gekommen wäre (ist er aber nicht!), mich beim Universum zurückbestellen zu wollen, dann hätte ich darüber nur müde lächeln können. Da hätte das Universum kopfstehen können: Trotzdem wäre gar nichts gegangen. Umgekehrt gilt das Gleiche: Hätte ich versucht, ihn zurückzubestellen, dann hätte er vermutlich nur eine SOS-Depesche »Rettet mich vor dieser Frau!« ins Universum geschickt.

Trotzdem haben wir noch immer Kontakt und Spaß daran.

Spirituell starke Verbindungen

Das Thema »Expartner zurückbestellen« scheint ein wirklich heißes Thema zu sein. Ich hatte heute diverse interessante Gespräche über das Thema und möchte euch gerne davon berichten. Zuerst erzählte ich wie nebenbei zwei Frauen davon – und schon sprudelten sie los ...

Die eine hatte früher einen Freund gehabt: Sobald sie ihn damals küsste oder mit ihm schmuste, hatte sie das Gefühl, kaum zu wissen, wo sein Körper anfing und ihrer aufhörte, so vertraut fühlte er sich an. Wenn sie ihm in die Augen sah, öffnete sich darin manchmal so etwas wie ein Tor zum Universum, und sie glaubte, durch seine Augen in die Tiefe des Alls mit seinen Gestirnen sehen zu können.

Der Höhepunkt sei gewesen, dass sie Überraschungsbesuche von ihm kurz vorher hatte spüren können. Sie bereitete dann immer schon einen Tee zu, weil sie ahnte, dass er gleich klingeln würde.

Sie sei sich damals sicher gewesen, dass er ihre einzige und wirkliche große Liebe für immer sei. Trotzdem habe er sich irgendwann aus dem Staub gemacht. Sie konnte es einfach nicht fassen.

Jahre später fragte sie ihre Seele bei einer Meditation, warum das passiert sei und warum er sie nicht mehr gewollt hatte. Denn sie war sich sicher gewesen, er müsse so etwas wie eine Zwillingsseele sein und bei all den mystischen Erlebnissen mit ihm einfach zu ihr gehören.

Dabei habe sie eine sehr merkwürdige Antwort erhalten, die sie aber nachvollziehen könne: Ihre Seele – oder was immer – hatte geantwortet, dass sie damals nicht wirklich in dieser Welt hatte leben wollen. Es sei eine Art Weltflucht gewesen, sich in überzogene romantische Vorstellungen und Wunschträume zu verwickeln. Dieses Wegsehen aus der »profanen Welt« sei schließlich so stark geworden, dass es sich manifestiert habe: in Form einer Beziehung, die dieses Gefühl der starken, unerfüllten Sehnsucht spiegelte; die das magisch-mystische Element ihrer Vorstellungen spiegelte und die von vornherein nicht klappen konnte, weil sie nie gelernt hatte, mit dem wirklichen Leben in Frieden zu sein. Also konnte auch eine wirkliche Beziehung nicht funktionieren. Ihre Energie der unerfüllten Sehnsucht habe ständig irgendwie an ihm gezogen und ihn schließlich vergrault.

Das Besondere war, dass sie mir erzählte, sie sei erst entsetzt und entrüstet gewesen und habe gemeint, das könne alles nicht stimmen. Aber drei Tage später sei ihr ein alter Schulfreund zum wiederholten Mal auf die Nerven gegangen. Dieser nämlich himmelte nun sie mit einer genauso sehnsuchtsvollen Wehmut an – und sie fand es absolut unerträglich. Aber nach dieser Antwort ihrer Seele fiel ihr plötzlich auf, dass sich dieser alte Schulfreund eigentlich genauso verhielt wie sie selbst ein paar Jahre zuvor.

Sie sei damals so darüber erschrocken, dass sie »Leben und Sein im Jetzt« (im Sinne von Eckhart Tolles Buch »Jetzt«) sehr intensiv praktiziert habe. Und dann sei auch nicht viel später ihr jetziger Ehemann aufgetaucht, den sie aus heutiger Sicht nie und nimmer gegen ihren Jugendschwarm eintauschen würde.

»Ich glaube, die ganze Magie drum herum habe ich mir wirklich nur selbst erschaffen mit meinen superromantischen Fantasievorstellungen, die leider im realen Leben nicht zu gebrauchen waren. Das hatte mit meinem damaligen Freund gar nicht so viel zu tun. Ich habe mich nur ewig nach der großen Magie in der Beziehung gesehnt, bis ich sie mir schließlich selbst erschaffen habe. Leider hat halt die Beziehung auch meine generelle Beziehungs- und Lebensunfähigkeit gespiegelt. Das konnte nicht gut gehen.«

Ich fand die Geschichte total spannend und dachte heute Morgen darüber nach, nachdem ich mit einem aus Afrika stammenden Freund gemeinsam meditiert hatte. Kaum waren wir fertig, sagte Daniel: »Ich muss dir eine lustige Geschichte erzählen von einem Mann, der seine Traumfrau gefunden hat – aber leider ist das Zusammenleben mit ihr ganz unmöglich. Sie haben ständig Probleme.«

Das war natürlich für mich *das* Stichwort. Daniel hat allerdings auch eine sehr interessante Sichtweise, die ich euch nicht vorenthalten möchte (mehr über Daniel siehe bei www.das-haus-gaia.com):

»Dass insbesondere Frauen ihren Expartner zurückhaben möchten, ist ein typisches Zeichen unserer Zeit. Viele Menschen entdecken gerade, dass sie ein viel größeres Potenzial zur Versöhnung haben, als sie bisher dachten. Und deswegen möchten sie sich auch mit dem versöhnen, mit dem Versöhnung eigentlich unmöglich scheint.

Aber das Problem hat ja auch Tradition: Den Frauen wurde jahrhundertelang eingeredet, dass ihre höchste Erfüllung in der Beziehung liege. Was für ein Quatsch! Die romantischen Lieder und die Werbung verstärken diesen Eindruck noch.

Bei uns in Afrika ist es noch schlimmer. Da sagen sie zu den jungen Frauen: ›Bereite dich auf deinen Mann und deine Beziehung vor – das ist das Wichtigste in deinem Leben.‹

Kein Wunder, wenn in den Köpfen so vieler Frauen romantisch verklärte Ideen noch immer Bestand haben. Das heißt ja nicht, dass man nicht eine große Liebe finden kann. Aber eine gute Partnerin ist vielmehr die Frau, die ihren Selbstwert auch ohne einen Partner definieren kann und die ihre selbstständigen Fähigkeiten, sich selbst ein erfülltes Leben zu schaffen, entdeckt hat. Sie begegnet ihrem Partner nicht mit überzogenen Vorstellungen und Erwartungshaltungen, sondern mit dem Wissen, was man in der realen Welt wirklich braucht, um miteinander glücklich zu sein.«

Ich wollte wissen, woher – nach Daniels Meinung – solche extremen mystischen Erfahrungen kommen oder wie sie entstehen.

»Wenn zwei Menschen eine Beziehung führen«, meinte er daraufhin, »entsteht eine Art eigenes Energiefeld. Und dieses Feld bleibt auch bestehen, wenn sich die beiden trennen. Nun ist jedes höhere Selbst bestrebt, solche noch bestehenden Energiefelder ehemaliger Beziehungen (zum Beispiel aus anderen Leben) abzuschließen und in Frieden aufzulösen, damit beide Partner die Energie aus dem Feld wieder ganz zu sich nehmen können. Und durch solche mystischen Anziehungen will uns das höhere Selbst darauf aufmerksam machen, dass es mit diesem Menschen noch etwas aufzulösen gibt. Es geht meist nicht darum, sich an diese Beziehung zu klammern oder sie wieder neu zu erschaffen, sondern es geht darum, sie in Frieden abzuschließen und dadurch die gebundene Energie wieder zu sich zu nehmen. Solange man noch streitet, Schuldzuweisungen vornimmt oder sich anklammert, bleibt die Energie gebunden. Man kann noch nicht loslassen. Aber diese Idee vom Traumpartner – dem einzig wahren und nur der muss es sein – ist ungeheuer anstrengend und manipuliert besonders die Frauen. Sie sind überhaupt nicht mehr in der Lage, ihr eigenes Leben zu leben und sich selbst darin zu finden. Sie verlieren viel zu viel Energie dabei. Bei Männern ist es natürlich genauso, kommt aber seltener in dieser Intensität vor.«

Und das aus dem Mund eines Afrikaners! Ob er recht hat oder nicht, kann man sicher so pauschal nicht sagen. Da ist wieder jeder gefragt, in sich selbst hineinzuspüren, ob etwas dran sein könnte oder nicht ...

Teil 2

Praktiziere das Hoppen (angelehnt an das alte hawaiianische Ho'oponopono) und stärke damit deine Fähigkeit, eine glückliche Beziehung zu führen!

Beziehungen hoppen

Betrachte diesen Teil des Buches als eine Art Beziehungstraining mit starken Selbsterkenntniseffekten. Im akuten Ernstfall kannst du die Methode auch anwenden, um inneren Frieden und Verständnis zu finden und um ein Problem aufzulösen.

Das Kraftvolle an dieser Technik ist, dass du dir das »Verzeihen« danach meistens sparen kannst, denn der Ärger verwandelt sich in Verständnis und Mitgefühl. Was ich verstehe, brauche ich nicht mehr zu verzeihen. Und verstehen ist um so vieles leichter als verzeihen.

Alle beschriebenen Beispiele sind zum Mitmachen gedacht (steht auch immer dabei). Denn nur wer »selbst macht« wird vom heilenden und bewusstseinserweiternden Effekt profitieren. Lesen allein stärkt nicht die eigene Fähigkeit, eine glückliche Beziehung zu führen. Warum nicht? Weil es nur in zweiter Linie interessant ist, was in anderen vor sich geht. Was dich wirklich befreit, ist, dich selbst in all deinen Facetten kennenzulernen. Und dazu ist Mitmachen erforderlich.

In »Cosmic Ordering – Die neue Dimension der Realitätsgestaltung aus dem alten hawaiianischen Ho'oponopono« (eine genaue Anleitung findest du auch kostenlos unter www.cosmic-ordering. de) haben wir die folgende Technik bereits vorgestellt. Dank ihrer Hilfe kann man auf spielerisch leichte Weise mit zwischenmenschlichen Problemen umgehen und sie heilen. Kurz gesagt besteht die Technik darin, sich in den anderen hineinzufühlen. Wenn ich mich beispielsweise über das Verhalten von jemandem ärgere, stelle ich mir vor, ich selbst würde mich genauso verhalten. Und dann spüre ich hinein, was mein ganz persönlicher Grund für so ein Verhalten wäre.

Dabei muss ich *niemals* wissen, was die wirklichen Beweggründe des anderen sind! Sie sind dessen Privatsache und gehen mich gar nichts an. Ich bleibe immer bei mir.

Für die alten Hawaiianer war alles auf der Welt *eins:* Alles ist mit allem anderen verbunden. Alle Menschen, die gesamte Natur sind auf subatomarer und energetischer Ebene immer verbunden und tauschen stets Informationen aus. Aus hawaiianischer Sicht kann in meiner Welt nichts bestehen ohne eine Resonanz in meinem Inneren. Wann immer mir daher das Verhalten von jemandem nicht gefällt, kann ich mich selbst fragen, womit ich es erschaffen habe.

Mein Mann Manfred und ich haben dazu drei Techniken entwickelt. Für dieses »Beziehungsbuch« möchte ich ein paar Beispiele aus der »*doppelten Verständnistechnik*« aufführen.

Beginnen wir damit:
Irina ärgerte sich, weil ihr Mann immer so spät von der Arbeit nach Hause kam. Sie machte ihm heftige Vorwürfe, schmollte und kämpfte mit allen Mitteln. Aber er kam und kam nicht früher heim.

Frage 1, die wir uns in einer kleinen Gruppe stellten:
Wenn ich der Ehemann wäre, warum käme ich immer so spät nach Hause?

Einige Antworten:
❖ Ich hätte schon beim Mittagessen Magendrücken wegen der Vorwürfe, die mir meine Frau

113

am Abend wieder machen wird. Deshalb mache ich schon ganz unbewusst immer langsamer und langsamer und renne in lauter unnötige Meetings, statt meine Arbeit zu erledigen. Die bleibt dann halt liegen bis zum Abend.

❖ Ich kann keinen Druck vertragen und weiche aus. Ich arbeite absichtlich so lange.

❖ Ich bin einfach wild auf Karriere und finde, meine Frau sollte froh sein, dass ich so viel Geld nach Hause bringe. Für meinen Geschmack ist sie einfach undankbar.

Frage 2: Wenn ich mir so einen Mann erschaffen würde, warum würde ich es tun?

Antworten (Auswahl):
❖ Ich bin es in dieser Gesellschaft und von zu Hause gewohnt, immer das Negative zu sehen und als Erstes zu meckern und zu jammern. Ich merke gar nicht, dass ich damit meine Beziehung kaputtmache.

❖ Ich habe kein eigenes Leben und warte jeden Tag verzweifelt auf meinen Mann, um endlich Leben zu spüren.

❖ Ich habe Angst, dass er mich verlässt, und klammere mich total an ihn. Aber je mehr ich klammere, desto mehr vergraule ich ihn.

Die Technik heißt »doppelte Verständnistechnik«, weil man sich in beide Seiten einfühlt. Nun gibt es neben diesem Verständnisteil noch einen Heilungsteil. Oft verwandelt sich allein durch das Betrachten der verschiedenen Perspektiven der Ärger in Mitgefühl und Verständnis. Und wenn man aufhört, dem anderen die Schwingung von Ärger zu senden, ändert dieser überraschend oft und ganz plötzlich sein Verhalten, scheinbar ohne äußeren Grund. Der Grund ist die veränderte Resonanz in uns.

Der Heilungsteil funktioniert folgendermaßen: Sobald wir einen Grund oder manchmal auch nur ein Gefühl in uns gefunden haben, sagen wir zu uns selbst: »Tut mir leid, ich liebe mich« (ich mich selbst!), oder: »Ich verzeihe mir«, »Ich danke mir«, und: »Ich liebe mich trotz allem.«
Und dann beobachten wir, ob diese Sätze etwas in unserem Inneren und beim ersten Gefühl bewirken.
Eine Möglichkeit ist es auch, die ganze Situation gedanklich in Licht und Liebe zu hüllen und sie

in unser Herz zu nehmen. »Es tut mir leid, ich liebe dies alles, ich liebe mich, auch wenn ich dies alles erschaffen habe, ich liebe alles, was ist.«

Im obigen Fall änderten sich die Aussagen und Gefühle:

❖ Ich hatte schon beim Mittagessen Magendrücken wegen der Vorwürfe, die mir meine Frau am Abend wieder machen wird. Deshalb mache ich schon ganz unbewusst immer langsamer und langsamer und renne in lauter unnötige Meetings, statt meine Arbeit zu erledigen. Die bleibt dann halt liegen bis zum Abend.

Wenn ich »Tut mir leid, ich liebe mich« zu mir selbst sage, entsteht der Wunsch, mich mit meiner Frau auszusprechen und ihr zu sagen, warum ich nicht gerne heimkomme. Je öfter ich »Ich liebe mich« zu mir selbst sage, desto selbstbewusster werde ich. Ich habe dann das Gefühl, auch eventuelle erste Abwehrreaktionen von ihr ganz ins Herz nehmen zu können. Denn ich weiß ja: Eigentlich will sie mit mir glücklich sein. Ich vertraue darauf, dass wir es wieder schaffen können.

❖ Ich kann keinen Druck vertragen und weiche aus. Ich arbeite absichtlich so lange.

»Tut mir leid, ich liebe mich« erweckt den Kämpfer in mir. Ich möchte zu mir selbst stehen und mir solche Szenen nicht mehr gefallen lassen. Ich will ihr ins Gesicht sagen, dass ich mich zu Hause wohlfühlen möchte und was ich dafür brauche.

❖ Ich bin einfach wild auf Karriere und finde, meine Frau sollte froh sein, dass ich so viel Geld nach Hause bringe. Für meinen Geschmack ist sie einfach undankbar.
»Tut mir leid, ich liebe mich« bewirkt, dass ich mehr Verständnis für ihre Bedürfnisse bekomme. Ich bin plötzlich dankbar dafür, dass sie nicht nur mein Geld möchte. Plötzlich wird mir klar, dass ich selbst derjenige war, der undankbar ist.

Die andere Seite:

❖ Ich bin es in der Gesellschaft und von zu Hause gewohnt, immer das Negative zu sehen und als Erstes zu meckern und zu jammern. Ich merke gar nicht, dass ich damit meine Beziehung kaputtmache.
»Tut mir leid, ich liebe mich« bewirkt, dass ich vor mir selbst und meiner Negativität erschrecke. Kein Wunder, dass mein Partner die Flucht

ergreift. Ich habe plötzlich den Willen, mich wirklich anzustrengen und ihn mit positivem Interesse an seinem Tag zu begrüßen – nicht mit Gemecker. Ich möchte überhaupt mit meinem ganzen Tag positiver umgehen und dann auch selbst Positives zu berichten haben.

❖ Ich habe kein eigenes Leben und warte jeden Tag verzweifelt auf meinen Mann, um endlich Leben zu spüren.

Wenn ich »Tut mir leid, ich liebe mich« zu mir selbst sage, dann hört das Warten auf. Meine Lebensgeister erwachen und ich möchte mein eigenes Leben wieder in Angriff nehmen. Dann ist mir auch nicht mehr langweilig, wenn er mal später kommt.

❖ Ich habe Angst, dass er mich verlässt, und klammere mich total an ihn. Aber je mehr ich klammere, desto mehr vergraule ich ihn.

»Tut mir leid, ich liebe mich« führt dazu, dass meine Selbstliebe erwacht. Dann habe ich plötzlich das Gefühl, dass er selbst schuld ist, wenn er so spät kommt. Er weiß gar nicht, was er verpasst. Dann unternehme ich die schönen Dinge eben mit Freunden und Freundinnen (zum Beispiel mit Eltern anderer Kinder). Vielleicht kann

ich ihn ja mit meiner Unternehmungslust anste-
cken und neugierig machen.

Irina war erstaunt über einige der Antworten, andere waren ihr sowieso klar. Im Lauf der Wochen
konnte sie ihr altes Verhalten immer weniger auf-
rechterhalten. Wenn ihr Mann spät heimkam,
konnte sie ihm keine Vorwürfe mehr machen,
weil sie automatisch daran denken musste, dass
er vielleicht Angst vor ihrem Gemecker hatte und
deshalb so spät kam.
Sie dachte sich eine neue Strategie aus, um glücklich zu sein. Nachmittags rief sie ihn in der Firma
an und fragte, wann er etwa heimkommen werde. Sie teilte ihm mit, welche Ausflüge sie plan-
te, und hakte nach, ob er es zeitlich schaffe und
mitkommen wolle. Sie fragte ihn auch, wie es in
der Firma lief, wie dieses oder jenes Projekt vor-
anging, was der Kollege Soundso machte, ob sie
ihren Mann irgendwie unterstützen könne etc.
In der ersten Woche staunte er nur. Schon in der
zweiten Woche kam er früher heim und nahm
immer öfter »Freizeitausgleich« für Überstunden, weil er an den – in den buntesten Farben
beschriebenen – Ausflügen mit Freunden dabei
sein wollte.
Und mittlerweile hat Irina keinen Grund zum

Klagen mehr. Ihr Mann macht nur noch Überstunden, um für freie Nachmittage zu sparen, aber nicht mehr, um ihr aus dem Weg zu gehen.

Wir haben diese Technik auf viele verschiedene Beziehungsprobleme angewendet. Ein paar interessante Sitzungen möchte ich hier aufführen.

Mein Tipp: Lies die Beispiele nicht einfach durch, sondern mach mit! Stell dir die kursiv hervorgehobenen Fragen jeweils selbst und mach dir vielleicht sogar Notizen zu deinen Antworten. Sag zu dir selbst: »Es tut mir leid«, und: »Ich liebe mich«, und beobachte, ob sich das Gefühl dadurch ändert.

Erst dann liest du unsere Antworten. Die Vielfalt der fremden Antworten wird dich viel mehr berühren, wenn du vorher der eigenen Antwort in dir nachgespürt hast.

Je öfter du dich in andere hineingefühlt hast, desto beziehungsfähiger wirst du. Deine erste Reaktion wird viel seltener Ärger und Abwehr oder Verteidigung sein: Du reagierst mit Verständnis und Mitgefühl. Damit hilfst du, die Situation und das Verhalten des anderen zu heilen; du kannst den anderen unterstützen, anstatt auf Angriff zu gehen. Das erspart unheimlich viel

Ärger und steckt natürlich auch den anderen an. Wenn sich Manfred über mich und meine Macken ärgert, sagt er seit einiger Zeit nur noch: »Womit habe ich dich Nervensäge bloß erschaffen?« Dann lachen wir beide und finden viel schneller eine friedliche Lösung, als wenn er herumtobt, weil alles anders sein soll.

Ich ärgere mich umgekehrt auch weniger über seine Macken, sondern verstehe viel schneller, welches Bedürfnis sich dahinter versteckt. Ich kann dem Bedürfnis entgegenkommen, und die Macke löst sich von alleine auf. Wenn ich jedoch zicke und mich ärgere, wird aus einer Mini-Macke sehr schnell eine Elefanten-Macke.

In unseren »Hopp-Runden« sind meist Männer und Frauen und zum Teil auch Teenager und ältere Semester bunt gemischt. Dementsprechend verschieden sind die Antworten.

Nicht willkommen sein
in der Welt

Karina beklagte sich, dass sie sich in der Welt »nicht willkommen« fühle. Im Job nicht, bei ihren Vermietern nicht und am wenigsten in Beziehungen. Das Schlimmste sei, dass ihre Partner sie genau dann verließen, wenn sie sich ganz auf die Beziehung einlasse. Immer wenn sie zurückhaltend ist, schwärmen sie ihr vor, dass sie die tollste und beste Frau von allen ist, und sobald sie ihr Herz öffnet und sich vertrauensvoll auf die Beziehung einlassen will, sind die Männer – schwupp – weg.
Wieso?

1. Wir haben uns vorgestellt, wir wären ein Mann, der seine Partnerin nur liebt und anhimmelt, solange sie nicht ganz offen, sondern ein bisschen cool und zurückhaltend ist. Sobald sie mit ganzem Herzen »Ja« zur Beziehung sagt, machen wir Schluss. Wieso?

Mach mit! Stell dir vor, du wärst so ein Mann. Wie würdest du dich fühlen, was wäre dein Grund, so zu sein?

Spür in dein Herz hinein und lass die Antwort aus dem Herzen aufsteigen. Was der Verstand meint, ist nur halb so wichtig. Achte vielmehr auf das Gefühl. Und wenn du eines gefunden hast, sage: »Es tut mir leid, ich liebe mich«, oder: »Ich verzeihe mir«, »Ich danke mir« zu dir selbst. Lies erst danach unsere Antworten. Falls du nicht mitmachst, liest du im Grunde nur eine Art Klatschkolumne. Wenn du mitmachst, lernst du dich selbst und andere besser kennen und stärkst deine Fähigkeit, eine glückliche Beziehung zu führen.

Unsere Antworten:

❖ Solange sie noch etwas zurückhält, ist sie ein Stück weit unerreichbar – und ich will das Unerreichbare erreichen als Beweis, dass ich der Beste bin. Wenn sie auf einmal ganz »Ja« sagt, dann ertrage ich das nicht. Ich bekomme Angst vor der Nähe und verachte sie dafür. Sie kommt mir plötzlich billig vor. Eigentlich habe ich eine krankhaft überzogene Angst vor echter Nähe. Wenn ich »Tut mir leid, ich liebe mich« zu mir sage, dann erkenne ich, dass ich mich und meine wahre Persönlichkeit verstecke. Ich kann nicht wirklich ich selbst sein. Je öfter ich »Ich liebe mich« zu mir sage, desto mehr kann ich das Verstecken aufgeben, ganz ich selbst sein und dann auch jemanden aushalten, der ganz er selbst ist.

❖ Bei mir wäre es so: Wenn sie ganz »Ja« sagt, tut sie alles für mich. Ich bekomme Sex, wann ich will, egal ob sie gerade will oder nicht; sie kocht, was und wann ich will, und sie tut einfach zu viel für mich. Sie gibt sich selbst auf, und das ist langweilig. Letztlich habe ich das Gefühl, gar niemanden zu verlassen, weil es sich anfühlt, als wäre gar keiner da, wenn sie mir alles nur immer recht macht, anstatt auf sich selbst zu achten und darauf, was sie selbst gerade braucht.

❖ Ich hätte Angst vor Nähe, deshalb suche ich mir eine Frau, die mich insgeheim ablehnt und so eine Mindestdistanz aufrechterhält. Ich hätte auch Angst vor meinen eigenen Gefühlen und davor, verletzt zu werden.
Wenn ich »Tut mir leid, ich liebe mich« zu mir selbst sage, dann fühle ich meine eigene Unsicherheit: Eigentlich weiß ich gar nicht, wie man eine echte Beziehung führt. Ich merke, dass ich

ganz kleine Schritte tun muss, um es zu erlernen.

❖ Mich hat es an eine ehemalige Freundin erinnert. Ich war so halb und halb verliebt in sie, aber sie wollte mich zwei Jahre lang nicht, egal was ich machte. Als sie schließlich »Ja« sagte, wollte ich nicht mehr. Es war so, als hätte ich den Widerstand und die Schwierigkeiten gesucht, und wenn es zu einfach ist, dann ist mir langweilig.

»Tut mir leid, ich liebe mich« ändert nichts. Ich möchte nicht aufhören, von meiner Super-duper-Idealfrau zu träumen. Und wenn sie »Ja« sagt, kann ich ja nicht mehr weiterträumen.

(Falls sich jemand wundert: Dieser Kommentar stammt von einem Neunzehnjährigen. Er hat mir gesagt, er will seine Traumfrau noch gar nicht finden, weil Gefahr besteht, dass sie ihn daran hindert, zuerst noch die Welt zu erobern, viel zu reisen, Abenteuer zu erleben etc.)

❖ Wenn sie zurückhaltend und cool ist, wirkt sie sehr selbstbewusst. Das zieht mich an. Wenn sie stattdessen schmeichelnd oder gar wimmernd wird, finde ich das ganz grausig.

»Tut mir leid, ich liebe mich« bewirkt, dass ich

merke: Es ist schwierig für mich, ihr zu vertrauen. Ich habe auch Angst, zu tiefe Gefühle zu entwickeln.

2. Wenn wir Karina wären und alle wollten uns nur, solange wir cool sind. Aber sobald wir uns ganz einlassen, werden wir zurückgewiesen. Womit würden wir uns das erschaffen?

Mach wieder mit, bevor du weiterliest!

❖ Meine Angst davor, nicht willkommen zu sein, erschafft meine coole, zurückhaltende Art. Damit ziehe ich aber die falschen Leute an. Und mit den falschen Leuten kann es kein richtiges Happy End geben. Das ist so, als würde ich ein Plakat hochhalten: »Suche saure Gurke«, und wenn ich reinbeiße, ärgere ich mich, dass sie nicht süß schmeckt.

»Tut mir leid, ich liebe mich« erzeugt das Gefühl, dass ich lernen muss, vor allem meine Schwächen zu lieben, zu akzeptieren und anzunehmen. Denn wenn ich meine Schwächen liebe, kann ich sie andere auch sehen lassen. Und dann kommen nur noch diejenigen in mein Leben, die mich so mögen, wie ich wirklich bin. Solange ich meine Schwächen ablehne, lehnen auch die anderen sie ab. Liebe ich meine Schwächen, finden andere sie ebenfalls liebenswert.

❖ Ich mag mich selbst nicht, aber wenn ich mich nicht mag, lehne ich auch Leute ab, die so ähnlich sind wie ich. Ich lehne damit meine potenziell besten Freunde ab! Stattdessen versuche ich, mich anzupassen an die, die nicht wirklich zu mir passen. Das gibt ein ganz großes Kuddelmuddel.

❖ Ich habe einen sehr hohen Perfektionsanspruch, aber Perfektion erzeugt Aggression. Nur wenn ich lerne, das Unperfekte als Ausdruck der Lebendigkeit zu sehen und zu lieben, werde ich auch selbst liebenswert für andere.

❖ Ich hatte seit Anbeginn meines Lebens das Gefühl, nicht willkommen zu sein. Ich identifiziere mich mit diesem Gefühl und bin süchtig danach. Deshalb erschaffe ich es in allen Bereichen meines Lebens ständig von Neuem.
»Tut mir leid, ich liebe mich« hilft mir, Tschüss zu diesen Gefühlen der Vergangenheit zu sagen. Mein einziger Wunsch ist dann, auf den Rhythmus meines Herzens zu hören und eine neue Reise zu meinem wahren inneren Selbst zu starten.

Bei der göttlichen Quelle bin ich willkommen und sie ist in allem enthalten – ob sich mein Gegenüber dessen gerade bewusst ist oder nicht. Bei seinem göttlichen Kern werde ich immer willkommen sein. Und in dieser Sicherheit kann ich Neues erleben.

❖ Ich benehme mich so, wie ich denke, dass die Männer mich haben wollen. Das ist das ganze Problem, denn Männer finden nur Frauen attraktiv, die authentisch sie selbst sind. Kann sein, dass sie dagegen kämpfen und sich wehren und einen riesigen Zirkus machen. Aber die Wahrheit ist, dass sie es genauso haben wollen. Bloß keine leblose angepasste Hülle.

❖ Ich würde auch versuchen, dem anderen alles recht zu machen. Ich bin nicht wirklich da mit meinem Sein und kann deshalb auch nicht willkommen sein, weil ich ja nicht da bin (innerlich).
»Ich verzeihe mir, ich liebe mich« gibt mir meine Kraft zurück. Ich glaube, ich müsste jeden Tag zehnmal das Lied »I am what I am and what I am needs no excuses« hören, dann würde es mir besser gehen.

❖ Ich versuche, die Erwartungshaltung der anderen zu erfüllen, aber ich mache das nicht wirklich gerne. Ich mag mich selbst nicht, wenn ich zu viel der Erwartungshaltung der anderen entgegenkomme. Und die anderen spüren, dass ich mich selbst nicht mag, während ich ihnen alles recht mache. Warum sollen sie mich mögen, wenn ich mich selbst nicht mag, während ich das tue? Eigentlich spiele ich eine unliebsame Rolle. Ich mag die Rolle nicht und die anderen auch nicht.

❖ Ich verliere mich selbst zu schnell, wenn ich ganz »Ja« sage. Die Wahrheit ist, es ist einfach mein Charakter, dass ich ein bisschen zurückhaltend bin. Ich will das bloß nicht akzeptieren. Aber wenn ich es akzeptieren würde, würde es mir besser gehen.

Der Exmann lässt nicht los

Eva-Marias Exmann sagt, sie habe sein Leben ruiniert, indem sie ihn verlassen hat. Er möchte, dass sie zurückkommt, und hängt energetisch immer noch an ihr. Sie jedoch möchte weitermachen mit ihrem Leben, aber sie hat das Gefühl, dieses Band hemmt sie. Und sie ist sich sicher, dass sie nicht zurückwill, denn es war extrem schwierig mit ihm; sie kann einfach nicht mehr.

1. Wir stellen uns vor, wir sind er. Warum könnten wir unsere Exfrau nicht loslassen?

Mach mit, bevor du weiterliest!

❖ Ich bin der manisch-depressive Typ. Ich hatte mir eine Traumwelt erschaffen und habe Angst vor der realen Welt. In meiner Traumwelt hatte ich mir vorgemacht, der Größte zu sein. Jetzt stellt sich heraus, dass ich meine Frau und ihre Energie ausgenutzt und benutzt habe und dass ich nicht so toll bin, wie ich dachte. Ohne sie bin ich auf mich selbst zurückgeworfen. Ich will mich aber nicht selbst ansehen.

»Tut mir leid, ich liebe mich« bewirkt, dass ich meine Exfrau mehr loslassen kann. Zum ersten Mal kann ich mir selbst in die Augen sehen. Und plötzlich erwacht eine neue Abenteuerlust in mir, endlich mein Leben selbst in die Hand zu nehmen.

❖ Ich habe Angst vor Veränderungen und vor dem Fluss des Lebens.

»Tut mir leid, ich liebe mich« bewirkt bei mir die Erkenntnis, dass ich meine wahren Gefühle vermeiden möchte; ich möchte meine Gefühle kontrollieren und kann es nicht mehr. Nach ganz vielen »Ich-liebe-mich« entsteht mehr innerer Frieden.

Als Zweites kommt dann hoch, dass ich das Gefühl habe, meine Frau gehöre mir. Sie gehört nicht sich selbst, sondern mir, das denke ich. Die Trennung hat einen tiefen Schmerz in mir erzeugt, aber ich erkenne, dass ich nur Meister meines Lebens werden kann, wenn ich lerne, sie loszulassen.

❖ Bei mir ist ganz viel verletzter Stolz. Ich bin wütend und will eine Bestätigung haben, dass ich immer recht hatte. Ich will nicht hören, dass irgendetwas nicht okay war. Außerdem fließt alle meine Energie weg mit ihrem Weggehen. Ich habe mich darüber definiert, sie zu dominieren. Auch mein ganzer Erfolg schwimmt weg mit ihr und ich bin neidisch auf ihre Leichtigkeit und Lebensfreude, die ich nicht habe. Sie hat sie in mein Leben gebracht und ich will sie behalten. Mein Stolz ist der Meinung, dass alles, was sie ist, mir gehört.

»Tut mir leid, ich liebe mich« bewirkt, dass ich fühle, wie mein Herz schmerzt, aber ich erkenne, dass ich die Heilung nur in mir selbst finden kann. Es geht darum, die Leichtigkeit und Freude, die sie mir brachte, auch in mir selbst zu entdecken.

❖ Ich habe nie kapiert, warum sie gegangen ist. Ich fühle mich verwirrt und wie ein Verlierer und ich weiß nicht, was ich ändern müsste, weil ich es nicht verstanden habe, warum das alles passiert ist.

»Tut mir leid, ich liebe mich« stoppt das Gefühl der Verwirrung. Stattdessen kommt eine große Trauer und der Wunsch, zu verstehen, was mein Anteil an der Trennung war, damit ich für die Zukunft daraus lernen kann. Außerdem wünsche ich mir eine Bestätigung, dass ich während der 17 Jahre Ehe wirklich geliebt wurde und dass es schöne Zeiten gab.

❖ Ich fühle mich schuldig, dass sie gegangen ist, und deshalb soll sie zurückkommen, damit die Schuld wieder verschwindet. Ich bin auch unfähig, alleine durchs Leben zu gehen. All mein Glück hängt davon ab, dass jemand da ist. Was ich brauche, ist der Kontakt zu meiner inneren Quelle. Ich habe mir die Situation erschaffen, weil ich die Liebe, die ich im Außen suche, innen finden will.

❖ Mich hat nie zuvor jemand so berührt, und sie hat unsere Verabredung gebrochen. Ich dachte, sie bleibt für immer, und nun hat sie mir meine Familie und mein Zuhause weggenommen.
Wenn ich »Tut mir leid, ich liebe mich« zu mir sage, spüre ich nur sehr viel Angst, die mir vorher nicht bewusst war.

❖ Ich habe Angst, eine neue Beziehung zu beginnen. Ich denke, dass ich nie wieder jemandem vertrauen kann.
Wenn ich »Tut mir leid, ich liebe mich« zu mir sage, habe ich das Gefühl, dass ich ein netter

Mensch bin und dass ich dem Leben wieder neu vertrauen kann.

2. Warum erschaffe ich mir, dass mein extrem schwieriger Exmann, den ich sicher nicht mehr haben will, mich nicht loslassen kann und noch an mir zieht?

Dein Einsatz: Erst mitmachen, dann weiterlesen!

❖ Mangel an Selbstliebe wäre mein Grund. Ich denke, dass ich nicht das Recht habe, meine Bedürfnisse an die erste Stelle zu setzen. Deshalb erschaffe ich mir einen Mann, der mir so deutlich nicht gut tut, dass es irgendwann keine andere Möglichkeit mehr gibt, als für mich selbst zu sorgen, egal was er davon hält.

Mein Basisgefühl im Leben wäre auch, dass andere besser wissen, was gut für mich ist, als ich selbst. Ich habe einfach nie recht und grundsätzlich keine Ahnung, wie alles sein muss. Das Leben präsentiert mir daher diesen Mann / Exmann, der offensichtlich noch weniger eine Ahnung davon hat, was richtig für mich ist, sodass ich gezwungen werde, schließlich doch selbst zu entscheiden, was richtig für mich ist.

Wenn ich »Tut mir leid, ich liebe mich« zu mir sage, merke ich, dass es eigentlich gar kein Problem ist, ihm zu verzeihen – die Ehe und auch das Klammern jetzt. Schwierigkeiten habe ich allerdings damit, mir selbst zu verzeihen, was ich alles mit mir habe machen lassen. Ich muss mir selbst verzeihen, dass ich mich so verhalten habe, dass er meint, ich habe kein Recht auf eigene Entscheidungen.

Ich muss ganz oft »Ich liebe mich« zu mir sagen und das alles ins Herz nehmen, bis ich spüren kann, es war gut so. Ich brauchte diesen Weg, um mich selbst zu finden.

❖ Ich habe mir das erschaffen, weil ich alles über Manipulation erfahren wollte. Ich habe gelernt, wie ich heimlich und hintenherum manipuliere, und ich habe gelernt, wie es ist, manipuliert zu werden. Da gibt es nichts zu verzeihen, das ist alles gut so.

❖ Ich habe mir schon seit meiner Kindheit gewünscht, dass irgendwann mal jemand um mich kämpft und dass ich die Nummer eins für jemanden bin. Mein Vater hat mich immer links liegen lassen und ich wollte endlich einmal für jemanden wirklich wichtig sein.

»Tut mir leid, ich liebe mich«: Jetzt kann ich mich selbst lieben, ohne eine Bestätigung von außen zu brauchen. Mein Exmann wird mein Energiefeld verlassen, sobald ich inneren Frieden geschlossen habe mit den ganzen 17 Jahren Ehe.

❖ Ich will, dass jemand mich unbedingt will. Ich suche jemanden, der mir meinen Selbstwert gibt. Wenn er mich immer noch will, dann ist er auch eine Art »Notausgang« für mich, weil ich wieder zurückkönnte, wenn ich alleine doch nicht klarkomme.

❖ Ich fühle mich schuldig, weil ich mein Eheversprechen gebrochen habe. Deshalb kann in Wirklichkeit *ich selbst* die Verbindung nicht lösen. Denn solange noch wenigstens ein Teil meiner Energie zu ihm fließt, zahle ich ihm quasi etwas von meiner Schuld zurück.
Außerdem ist dieses energetische Ziehen eine gute Entschuldigung für mich, keine neue Beziehung einzugehen. Insgeheim fühle ich mich den Männern allgemein überlegen und halte sie alle für dumme kleine Jungs, wenn man genau hinguckt. Ich glaube gar nicht, dass es jemand Besseres geben könnte, weil Männer sowieso alle bekloppt sind.

»Es tut mir leid, ich liebe mich« bringt das Gefühl hoch, dass ich ihn die ersten Jahre der Ehe wirklich geliebt habe, und das möchte ich ihm sagen. Ich möchte ihm auch sagen, dass ich an seiner Seite nicht zu mir selbst finden konnte; deshalb musste ich gehen.

»Es tut mir leid, ich liebe mich« bringt mir auch die Erkenntnis, dass Partnerschaft für mich erst wirklich gut werden kann, wenn ich ein Gefühl der Gleichwertigkeit zwischen Männern und Frauen in mir finden kann. Jeder kann etwas anderes, jeder hat andere Stärken und Schwächen und jeder ist vollkommen, so wie er ist. Das fühle ich jetzt und das muss mein Grundlebensgefühl dem anderen Geschlecht gegenüber werden, wenn ich glücklich mit einem Mann zusammenleben will.

❖ Ich bin einfach ärgerlich, dass er nicht loslässt. Ich habe mehr als einmal alles gesagt, was es zu sagen gibt, und irgendwann muss es jetzt auch gut sein. Ich verstehe nicht, was er noch immer will.

Mit »Tut mir leid, ich liebe mich« entsteht Trauer in mir, dass ich andere verletze, sobald ich in meine Kraft gehe. Ich wünsche mir, meine Kraft mehr aus dem Herzen heraus ausdrücken zu können, um andere nicht zu verletzen, wenn ich ganz ich selbst bin.

Ich frage mich, ob es irgendwo im Universum einen Mann gibt, der mich aushalten kann, so wie ich bin, aber das ist eigentlich eine ganz andere Frage. Die könnten wir beim nächsten Mal hoppen.

❖ Ich bräuchte das Gefühl, wichtig zu sein. Und ich bin jemand, der nach Anleitung im Leben sucht, weil ich alleine Angst habe. Sein Festhalten ist eine Entschuldigung für mich, nicht voranzukommen mit meinem eigenen Leben.

»Tut mir leid, ich liebe mich« macht es klarer, dass ich ganz die Verantwortung für mich selbst übernehmen muss, aber ich spüre auch, welche Freude sich darin ausdrücken kann, wenn ich es wirklich tue.

Als der Millionär kam, ging sie

Der nächste Fall ist besonders interessant.

Ein Mann hatte vier Jahre lang ein Verhältnis mit einer verheirateten Frau gehabt. Die Beziehung war sehr innig und tief; besonders sexuell war sie sehr liebevoll und beflügelnd. Trotzdem verließ die Frau ihren Ehemann nie, um mit dem Geliebten zu leben, und hielt den Geliebten auch gegenüber ihren Freunden versteckt.

Eines Tages, aus heiterem Himmel, lernte sie einen Millionär kennen. Er sagte ihr, dass sie die Frau seines Lebens sei – und weg war sie. Über Nacht trennte sie sich sowohl vom Geliebten als auch vom Ehemann.

Ich fragte die Gruppe, wer glaube, die Frau sei nur dem Geld zuliebe gegangen. Viele Hände gingen in die Höhe. Nachdem wir die Situation gehoppt hatten, stellte ich noch einmal die gleiche Frage. Keine einzige Hand ging mehr nach oben.

Hoppen kann uns ein völlig neues und viel tiefer gehendes Verständnis von unseren Mitmenschen bringen, als es die reine Verstandeslogik je kann. Das alleine befreit und öffnet Tore für ein neues zwischenmenschliches Miteinander ohne gegenseitige Verurteilungen und Vorwürfe.

1. Wenn ich die Frau wäre, die nach vier Jahren Dauerseitensprung sowohl den Geliebten als auch den Ehemann schlagartig verlässt, um mit einem Millionär zu leben: Warum hätte ich es getan?

Bist du auch der Meinung, die Frau hatte es doch nur auf das Geld abgesehen? Schau erst in dir selbst nach. Stell dir vor, du wärst in dieser Situation und würdest so handeln. Warum würdest *du* es tun? Lies erst weiter, nachdem du eine Antwort in dir gefunden hast.

Unsere Ergebnisse:

❖ Mein Geliebter war einfach zu schwach, ein bisschen ein Weichei. Ich hatte Angst, mich ganz auf ihn einzulassen, weil ich auch Angst hatte, ihn mittragen zu müssen. Der Millionär ist ein Mann mit Kraft. An seine Schulter kann ich mich endlich anlehnen.

❖ Ich habe seit vier Jahren darauf gewartet, dass einer zu mir sagt: »Du bist die Frau meiner Träume. Dich will ich haben und sonst keine.« Mein Ehemann hat das nie gesagt und mein Geliebter auch nicht. Ich wusste gar nicht, ob mein Geliebter mich wirklich gewollt hätte, wenn ich meinen Mann verlassen hätte. Der Millionär hat mir endlich gesagt, was zu hören ich mir schon so lange gewünscht habe.

❖ Bei mir waren einfach wieder die Langeweile und die Routine eingezogen. Ich habe nach neuen wilden Abenteuern gesucht. Das nächste Abenteuer gegen die Langeweile war jetzt einfach der Millionär.

❖ Der Millionär ist mein Seelenpartner, das fühle ich genau. Der Geliebte war nur eine Art Hilfsleiter, um aus der Ehe herauszukommen.

❖ Ich hatte Stress mit beiden: mit dem Ehemann und mit dem Geliebten. Jetzt schmeiße ich sie beide raus und versuche es mit dem Dritten. Das wird vermutlich nicht gelingen, denn wenn man vor Problemen fortläuft, laufen sie für gewöhnlich hinterher und überholen schneller, als einem lieb ist.

❖ Mir hat in den bisherigen Beziehungen die Anerkennung gefehlt. Der Millionär gibt mir viel mehr Anerkennung. Deshalb ist er auch so reich, weil er die Fähigkeit hat, anderen Menschen Anerkennung zu geben. Ich lade damit meine inneren Batterien auf gegen die geringe Anerkennung, die wir uns in der Gesellschaft normalerweise so geben. Endlich kann meine Seele aufblühen.

❖ Bei mir war ein extremes Sicherheits- und Statusbedürfnis der Grund. Ich kann keine Liebe wirklich genießen, solange ich nebenbei existenzielle Ängste habe. Die Angst steuert mich.
Wenn ich »Tut mir leid, ich liebe mich« zu mir sage, kann ich dem Leben mehr vertrauen und das Herz statt der Angst entscheiden lassen.

❖ Die Aussicht auf Selbstverwirklichung aufgrund der finanziellen Mittel hat mich gelockt. Ich wusste schon lange, welche Projekte ich in die Welt bringen will, aber weder mein Mann noch mein Geliebter, noch ich selbst hatten das Geld, und bisher hat kein Mann an meine »verrückten Ideen« geglaubt. Der Millionär findet meine Projektideen gut und unterstützt mich. Endlich kann ich mich selbst ausdrücken und das tun, weswegen ich auf die Welt gekommen bin. Zumindest glaube ich das in dem Moment, in dem ich die anderen zwei verlasse.

❖ Ich denke, dass das Leben mit einem Millionär ganz leicht ist und dass endlich der tägliche Kampf aufhört. Das war einfach zu verlockend. Außerdem drücke ich mich gerne vor Konflikten, und indem ich mit diesem Millionär abhaue, bin ich alle Probleme mit Ehemann und Geliebtem los. Er kommt mir so stark vor, dass ich mich ebenfalls stärker fühle und auf einmal mit den anderen beiden ganz schnell Schluss machen kann.

❖ Endlich habe ich einen Mann für alle Belange. Vorher brauchte ich zwei, weil keiner mich ganz ausgefüllt hat. Aber dieser Millionär hat von jedem der anderen beiden das Beste.

❖ Ich suche Leichtigkeit – weniger die finanzielle, sondern einfach Leichtigkeit in der Beziehung. Das Doppelleben hat mich auf die Dauer mürbe gemacht. Und auf einmal komme ich mit einem Sprung da heraus, ohne mich großen Konflikten aussetzen zu müssen.

2. Wenn ich der Geliebte wäre, der sich erst vier Jahre lang den Geliebtenstatus kreiert und nun wegen eines Millionärs verlassen wird: Womit hätte ich mir das erschaffen?

Mach wieder mit! Auch seine Position ist spannend.
Unsere Antworten:

❖ Ich hätte ein niedriges Selbstwertgefühl. Deshalb kämpfe ich nicht um sie, denn ich denke insgeheim, dass mir das Glück sowieso nicht zusteht. Das verunsichert sie, und deshalb ist sie jetzt gegangen.
Wenn ich »Tut mir leid, ich liebe mich« zu mir sage, dann erlaube ich mir endlich, glücklich zu sein, und ich fordere mein Glück auch vom Leben ein. Mit dem Gefühl von Selbstliebe hätte ich eine klare Entscheidung von ihr fordern und ihr auch sagen können, dass ich sie wirklich ganz haben will – oder gar nicht. Das wäre ich mir wert gewesen.

❖ Bei mir laufen geheime Selbstsabotageprogramme. Diese Beziehung war einfach zu tief und zu innig – so was darf es auf der Erde gar nicht geben. Ich habe da noch das »katholische

Programm« laufen, dass das Paradies erst nach dem Tod kommt. Deshalb sabotiere ich »zu viel irdisches Glück«, weil etwas in mir sagt, dass mir das erst im Himmel zusteht, sonst versündige ich mich.

❖ Ich fand den Geliebtenstatus praktisch. Ich hatte alle Vorteile aus der Beziehung, aber keinerlei Verantwortung. Das war halt kein Zustand, mit dem sie ewig einverstanden war. Damit muss man rechnen.

❖ Ich bin gar nicht bereit, mich wirklich ganz auf eine Beziehung einzulassen. Ich will nicht zusammenwohnen und ich brauche die Mindestdistanz. Insgeheim hat mir das genau so gut gepasst. Wenn sie mehr will, ist sie eh falsch bei mir. Dieser Wahrheit konnte und wollte ich nur nicht ins Gesicht sehen.

❖ Ich trauere noch um eine alte Beziehung und kann mich deshalb nicht ganz auf eine neue einlassen. Damit erschaffe ich unbewusst diese Situation.

❖ Mein Lebensgefühl ist: Ich bin es nicht wert, so eine tolle Frau wirklich zu haben.

❖ Ich habe mich nie ganz für sie entschieden und sie hat es gespürt.

❖ Ich hatte nicht den Mut, von jemand anderem etwas zu fordern.

❖ Ich hatte Angst davor, verlassen zu werden, wenn ich zu viel fordere. Deshalb habe ich lieber den Mund gehalten und meine Wahrheit verschwiegen. Mit der Angst habe ich genau das erschaffen, was ich vermeiden wollte.

Ein Casanova als Freund

Klaus beklagte sich über seinen besten Freund: Dessen Frau hatte sich getrennt, und seitdem ging er jede Woche mit drei x-beliebigen Frauen aus. Und nicht nur aus, sondern auch gleich hinein ins nächste Bett.

Klaus war sehr betrübt darüber, denn, so meinte er, auf diese Weise finde sein Freund nie eine neue Frau, sondern stelle stattdessen die Weichen für ein Leben in Einsamkeit. Er verstehe auch nicht, von welchem Wahn sein Freund da eigentlich besessen sei.

Ein super Thema zum Hoppen! Wir hatten zuerst eine Gruppe; dann traf eine Zusatzantwort per Mail ein, die weitere Ergebnisse von anderen per Mail auslöste – quasi eine Art Dauerhopping. Das zeigt, wie spannend das Thema für alle war.

Ich empfehle daher unbedingt das Mithoppen. Lies die Frage, frage dich selbst und lies erst hinterher unsere Antworten. Die Vielfalt ist enorm spannend. Und wenn du dieselbe Frage in einer Tantragruppe stellen würdest, käme noch mal was anderes heraus, vermute ich. Verständnis befreit stets auf beiden Seiten.

Antworten aus der Gruppe zur Frage:

1. Wenn ich dieser Freund mit den drei Frauen pro Woche wäre, warum täte ich es?

❖ Ich würde so handeln, wenn ich mich selbst und das Alleinsein mit mir selbst auf gar keinen Fall ertragen kann. Ich renne in panischer Angst davon und erschaffe mir deshalb genau das, wovor ich so massiv Angst habe. Jede Frau mit Qualität spürt diese Energie und will nichts mit mir zu tun haben.

Wenn ich zu mir selbst sage: »Es tut mir leid, ich verzeihe mir und ich liebe mich«, dann tun sich langsam neue innere Welten auf. Ich merke richtig, welchen Reichtum und welchen inneren Schatz ich verpasse, wenn ich nicht bereit bin, mir selbst zu begegnen. Und wenn ich mich aufmache, den inneren Schatz zu finden statt ständig neue Betthasen, dann findet sich auch die eine richtige Partnerin, die mich erfüllt.

❖ Bei mir wäre es so, dass ich ein inneres Bild von Männlichkeit habe, dem ich unbedingt entsprechen will, weil ich mich sonst so minderwertig fühle, dass ich es nicht ertragen kann. Und ein richtiger Mann kann nun mal jede Frau haben, sonst ist er ein Schlappschwanz. Das ist mein Denken.

Wenn ich zu mir selbst sage: »Es tut mir leid, ich verzeihe mir das und ich liebe mich trotzdem«, dann ändert sich etwas. Ich merke, dass dieses Männlichkeitsbild nur eine leere, aufgeblasene Hülle ist, und in mir wächst der Wunsch, ein wirklicher Mann zu sein. Einer, der die Kraft und Größe hat, er selbst zu sein – unabhängig davon, was irgendwer im Außen quakt.

❖ Ich habe einen ganz anderen Grund gefunden: Ich kann meinen eigenen Schwächen und Fehlern nicht ins Auge sehen. Ich mache mir vor, der Allertollste und quasi makellos zu sein. Und deshalb sind mir alle diese Frauen nicht gut genug. Denn sie haben ja einen Makel. Und je mehr Frauen ich habe und je mehr Makel sie mir spiegeln, desto mehr Angst macht mir das, denn letztlich spiegeln sie mir alle nur meinen eigenen Makel. Und das werden ja jede Woche mehr, wenn ich so viele Frauen habe. Die Angst treibt mich immer schneller und hektischer voran, die eine zu finden, die keinen Makel hat. Die eine, die es aber nur in der Vorstellung und nicht im Leben gibt. Die Liebe ist ja nur eine echte Liebe, wenn sie den Makel liebt. Um das Makellose schön zu finden, braucht man keine Liebe. Schön ist sowieso schön.

Wenn ich zu mir selbst sage: »Es tut mir leid und ich liebe mich«, dann werde ich zunächst sehr traurig. Aber die Hektik und das zwanghafte Suchen fallen von mir ab. Schließlich erkenne ich, dass ich lernen muss, mich selbst zu lieben. Ich bin traurig, weil ich merke, was für einen weiten Weg ich da noch vor mir habe. Es ist aber der einzige, der mir je wirklich Trost spenden wird und der je wirklich ins Licht führt.

❖ Wenn ich dieser Freund mit drei Frauen pro Woche wäre, warum täte ich es? Ich würde so handeln, um mir meinen Raum zu erweitern. Um meinen Eros zu leben und es mir niemals mehr anzutun, mich irgendwo zu begrenzen. Ich würde so handeln, um meine Freiheit zu genießen, um den Frauen zu begegnen, die mich als freudiges Ereignis in ihrem Leben sehen ... Ich würde so handeln, weil ich grundsätzlich das weibliche Geschlecht liebe und ich, wenn ich »es« mache, es mit ganzem Herzen, tiefer Hingabe und spirituellem Austausch tue. Ich liebe mich und ich liebe es, wenn andere ihre sexuellen Glaubensmuster und ungeheilten Themen in einer innigen Zweisamkeit und Verschmelzung erkennen und heilen. Ich würde so handeln, weil ich erkenne, dass wir alle eins sind, und mich immer wieder daran erinnern will. Ich würde so handeln, weil ich für mich erkannt habe, dass es nicht die Quantität, sondern die Qualität ist, die uns eint. Ich las kürzlich den Satz: »Heilung ist Heiligung und Heiligung ist Erwachen.« Befreien wir unsere Sexualität und genießen wir sie – in monogamen wie polygamen Beziehungen. Hauptsache, die Liebe, das Herz und die Heiligung sind anwesend.

❖ Das Letztere kann ich persönlich jetzt gerade gar nicht nachvollziehen. Umso interessanter war es für mich, so ein Statement zu hören. Vielen Dank dafür. Für mich selbst habe ich etwas ganz anderes gefunden: Ich will mich an meiner Exfrau rächen und ihr zeigen, wie wenig ich sie brauche. Im Grunde bin ich nur total verletzt, dass sie mich offenbar nicht geliebt hat, so wie ich bin, denn sonst wäre sie ja noch da. Ich kann meinen eigenen Anteil an der Trennung nicht sehen und stecke fest in der Verletzung.

Wenn ich »Tut mir leid und ich liebe mich« zu mir selbst sage, spüre ich erstmals, wie verletzt ich wirklich bin, und dann merke ich, dass das, was ich wirklich brauche, eine Phase der Trauerverarbeitung ist. Eigentlich müsste ich ein halbes Jahr in ein Kloster im Himalaja gehen oder so etwas. Das wäre das, was die Seele eigentlich braucht, um sich »göttliche Nahrung« zu holen.

❖ Ich habe gefunden, dass ich meine eigenen Lebensthemen nicht ansehen will und mir deshalb die Lebensthemen von ganz vielen Frauen durch den Intimkontakt in meine Aura und in mein Energiefeld hole. Dann bin ich total beschäftigt mit deren Themen und dem Verwalten dieser gigantischen Energie- und Informationsmengen, die dadurch durch mein System rauschen – letztlich ist das wie eine Droge –, sodass ich darum herumkomme, mir meine eigenen Lebensthemen anzusehen.

Im Grunde bin ich süchtig nach dem Sex, nach den Energiemengen, und irgendwie spüre ich auch eine versteckte Todessehnsucht in mir. Das wirkliche Leben in seiner Einfachheit und Reinheit kann und will ich eigentlich gar nicht mehr leben.

Wenn ich »Tut mir leid, ich verzeihe mir und ich liebe mich trotzdem« zu mir sage, verfalle ich fast automatisch in einen Zustand des Verbundenseins mit meiner Seele. Das ist so, als würde sie mir sagen: »Alles ist gut. Du kannst mich – die Seele – nie verlieren. Ob du lang lebst oder kurz, ich bin immer da in dir. Und: Hier drüben ist immer alles bereit für dich. Du kannst kommen, wann du willst; nichts ändert sich. Aber da unten auf der Erde – da kann sich alles ändern. Überleg es dir, aber alles ist okay.« Interessante Erfahrung. Hätte ich jetzt nie vermutet, wo mich so eine simple Frage hinführen könnte.

❖ Ich habe selbst schon mal zwei Männer als rein sexuelles Abenteuer betrachtet. Die waren liiert, und ich dachte, dann ist es ja klar, dass es nur ein Abenteuer ist. Aber sie haben ein Riesendrama daraus gemacht, wollten mich und nur mich ... Hinterher waren sie noch Jahre später tief verletzt: Sie hätten ihr Herz zu weit geöffnet und alle ihre Hoffnungen in mich gesetzt oder so ähnlich, meinten sie. Das tut mir zwar leid, aber ich habe deswegen keine Schuldgefühle. Im Gegenteil, ich bin eher sauer auf sie, weil ich finde, ich habe mich klar an die Spielregeln und alle Signale für »Affäre« gehalten. Mein Gefühl ist heute noch immer: Was bilden die sich ein? Die hatten doch eine Beziehung!

Wenn ich mal versuchsweise zu mir selbst sage: »Es tut mir leid, ich liebe mich«, und: »Es tut mir leid, dass ich die anderen verletzt habe, und ich liebe mich, obwohl ich sie verletzt und nicht mal ein schlechtes Gewissen dabei habe«, dann merke ich, dass ich offenbar schon irgendetwas falsch gemacht habe. Dann entsteht in mir der Wunsch, trotz der scheinbar klaren Umstände noch mal genau zu formulieren, wo ich stehe. Und es entsteht in mir der Wunsch, auch dem Nur-Geliebten das Gefühl zu vermitteln, geliebt zu werden und dass es toll mit ihm war, auch wenn ich lieber alleine lebe und nicht in einer Beziehung. Irgendwie denke ich, es muss möglich sein, die Verletzung zu vermeiden. Das möchte ich noch lernen.

Wow, danach brauchten erst mal alle eine Pause ...

Der nächste Schritt:

2. Wenn ich mir wie Klaus so einen besten Freund erschaffen hätte – wozu hätte ich das getan? Und warum stört mich eigentlich sein Verhalten?

❖ Der lebt etwas, das ich mich nie trauen würde. Indem er es so nah vor meiner Nase lebt, kann ich zum Teil spüren und vibrieren mit all dem, was da passiert. Und ich freue mich, dass er den ganzen energetischen und emotionalen Dreck am Hals hat, während ich den Logenplatz mit Kissen im Rücken habe und nur zusehe. Megainteressant, das Ganze.

Wenn ich »Tut mir leid, ich danke mir, ich liebe mich, ich verzeihe mir« zu mir sage, habe ich das Gefühl, dass ich selbst emotional auch wieder etwas wagemutiger sein könnte. Nicht beim ständigen Partnerwechsel, sondern in meiner bestehenden Partnerschaft. Da ist ein bisschen die Routine eingezogen. Bei meinem Freund kann ich die aufregenden Abenteuer von außen begucken, die ich mir durch eigenen Einsatz eigentlich in meine eigene Beziehung zurückholen müsste und könnte. Da sind ein bisschen der innere Schweinehund und die Trägheit am Wirken, dass ich mir lieber »Secondhand-Pornogeschichten« anhöre, als ..., na ja, ihr wisst schon.

❖ Ich fand vor allem die Antwort von vorhin – »Freiheit und Eros lieben, und das mit offenem Herzen« – sehr interessant. Es hat mir gezeigt, dass ich es mir völlig sparen kann, mir Gedanken um den anderen zu machen. Der will das wirklich so haben und entscheidet sich ganz klar dafür. Das konnte ich mir nicht vorstellen. Ich habe nun den Eindruck, ich habe mir so einen Freund erschaffen, um zu lernen, wie verschieden Menschen und ihre Lebenspläne sein können. Ich muss nicht alle »bekehren« oder gar »retten«, die anders drauf sind. Sie wollen das möglicherweise echt so haben. Das war eine große Erkenntnis für mich – und auch eine große Erleichterung. Es befreit mich von der Notwendigkeit, »helfen« oder »was sagen« zu müssen. Ich kann einfach denken: Ich wünsche dir Glück und inneren Frieden dabei. Punkt.

❖ Also, ich bin gerade vom Hundertsten ins Tausendste gekommen. Bei mir hat dieselbe Antwort von vorhin innere Prozesse ausgelöst. Erst dachte ich auch: Wie schön, da muss ich mir ja keine Sorgen um ihn machen. Aber dann dachte ich: Na aber, wenn die ganzen Frauen das wüssten – die würden garantiert entsetzt davonrennen. Das geht doch nur, wenn die sich Hoffnungen machen und nichts von seiner inneren Haltung wissen. Den muss man doch stoppen!
Und dann habe ich geguckt, warum ich ihn

stoppen will, und habe gemerkt, ich habe nur Angst, selbst so einem zum Opfer zu fallen, der mich dann tief enttäuscht und verletzt. Ich habe Angst, benutzt zu werden.

Wenn ich zu mir selbst »Tut mir leid, ich liebe mich« sage, dann merke ich, dass das nur mein Mangel an Selbstwert ist. Und wenn ich mir den durch die Selbstliebe gebe, kann mich von außen gar keiner verletzen. Dann wäre es kein Problem, wenn so etwas passiert. Und das habe ich auch gemerkt: In der Selbstliebe erkenne ich die innere Haltung des anderen, auch ohne dass er sie ausspricht, und dann kann ich mich dagegen entscheiden – oder vielleicht sogar auch mal dafür. Denn ich brauche dann ja bei ihm auch umgekehrt kein schlechtes Gewissen zu haben. Er wäre der ideale Mann für ein Abenteuer ohne Verpflichtung.

❖ Wenn jemand so nah in meinem Umfeld seine Themen nicht angucken will, seine Schwächen nicht wahrhaben will und nicht alleine mit sich selbst sein kann, dann muss ich mich natürlich fragen, welche Themen ich bei mir selbst nicht angucken will. Ich gehe vielleicht anders damit um, weil ich introvertiert bin, während er extrovertiert ist, aber eigentlich habe ich genau die gleichen Themen. Ich will meine Ängste auch nicht angucken und wahrhaben.

Wenn ich »Tut mir leid, ich liebe mich« zu mir sage, dann lenkt das meinen Blick sehr nach innen zu mir selbst. Dann merke ich, wie wichtig eine tägliche Dosis an innerer Stille und Kontemplation für mich ist.

❖ Der sucht etwas, das ich auch suche. Ich suche zwar ganz anders, aber wenn ich da so zuschaue, kommt mir die Frage, ob meine Suchtechniken besser sind oder ob ich die nicht auch überarbeiten müsste. Ich meine, letztlich suche ich auch außen statt innen.

❖ Der spiegelt meine eigene Abenteuerlust, die ich nicht lebe. Ich denke auch, ich kann und will sie nicht leben, weil ich die Konsequenzen eines solchen Lebens nicht tragen wollte.

Wenn ich »Tut mir leid und ich liebe mich« zu mir selbst sage, merke ich, ich kann das Abenteuergefühl auch ganz nah in einer erweiterten Wahrnehmung und Dankbarkeit für das Leben wiederfinden, anstatt unbedingt Casanova spielen zu müssen. Ich muss es halt nur tun. Das ist der springende Punkt, und das will er mir mit seinem Verhalten vielleicht spiegeln.

❖ Das Annehmen eines solchen Menschen ermöglicht mir, meine eigenen abgespaltenen Seelenanteile wieder zusammenzufügen. Denn der Automatismus wäre normal bei mir: total in die Ablehnung zu gehen und zu urteilen, wie blöd man denn sein kann. Aber wenn ich das auch so liebe, wie es ist, und wenn ich dem Freund erlaube, so zu sein, ohne es zu verurteilen, dann werde ich heiler und kann auch Dinge an mir selbst verzeihen, mit denen ich mich bisher schwergetan habe.

Wenn ich »Tut mir leid, ich liebe mich« zu mir sage, passiert auch etwas sehr Aufschlussreiches: Ich habe das Gefühl, dass ich ihn mit meiner Ablehnung immer weiter da hineintreibe. Denn dann wird er trotzig wie ein Kind und ist so beschäftigt damit, den energetischen Angriff abzuwehren, dass nicht der innere Raum bleibt, zu hinterfragen, ob es ihm dabei noch gut geht. Wenn ich ihn aber so liebe, wie er ist, und auch aufhöre, die Frauen zu bedauern, stelle ich ihm damit mehr inneren Raum zur Reflexion zur Verfügung. Vorhin habe ich eh gesagt, dass sich bei der Ausstrahlung keine Frau von Qualität noch auf ihn einlässt, und für die anderen wird genau diese Erfahrung richtig sein, um selbst mehr auf Qualität zu achten, anstatt sich für den Frustabbau von so einem Hirsch herzugeben.

Ich habe das Gefühl, wenn ich ihn und all diese Frauen lieben kann, so wie sie sind, müssen sie nicht mehr so weitermachen. Dann höre zumindest ich mit meiner Energie auf, sie weiter dazu zu treiben. In der Liebe können sie innehalten und sich selbst fühlen. Und vielleicht machen sie dann eben doch weiter, weil es für sie stimmt, und vielleicht hören sie auf, weil sie eine innere Flucht in ihrem Verhalten erkennen. Aber auf einmal sehe ich, dass beides sein kann und beides stimmig sein kann.

Wow, eine Wahnsinns-Erfahrung, sich da hineinzufühlen. Aber auch wow, was für eine Aufgabe, aus jeder Wertung herauszugehen. Das muss ich noch mehrmals hoppen – auf einmal schaffe ich das nicht, wenn ich ehrlich bin.

❖ Ich hätte mir so einen Freund erschaffen, um wachsame Neugier auf andere zu praktizieren und um immer wieder vor der Nase zu haben: Was den einen glücklich macht, kann für den anderen ein großes Unglück sein. Irgendwie gehe ich insgeheim immer davon aus, dass alle gleich sind und letztlich das Gleiche wollen. Das stimmt aber nicht auf jeder Ebene.

Ich sehe eine große Aufgabe darin, anderen zu erlauben, sich für ihre Erfahrungen zu entscheiden, auch wenn sie mir völlig fern sind. Ich merke gerade, es erhöht meine Liebe, alles zu erlauben. Auch das Spiel des gegenseitigen Sich-Verletzens ist erlaubt und hat auf einer anderen Ebene seinen Sinn. Am Schluss löst es Illusionen auf und bringt die Leute näher zu sich selbst.

So weit unsere Antworten. Und wie ist die Geschichte ausgegangen? Bisher zumindest anders, als erwartet:

Der Freund von Klaus hat sich nicht geändert, wohl aber Klaus. Zuvor hatte er nur in sich hineingegrollt und wusste nicht, wie er damit umgehen sollte. Wenn er seinen Freund zu anderen Freunden mitnahm, konnte er sicher sein, dass der Freund alles, was nicht niet- und nagelfest war, anbaggerte. Hinterher riefen dann etliche Damen aus dem nun gemeinsamen Freundeskreis mit Liebeskummergejammer bei Klaus und seiner Frau an.

Das Hoppen brachte Klaus Klarheit, sodass er mit seinem Freund unmissverständlich sprechen konnte. Er sagte ihm, dass er ihn im Moment nicht reinen Gewissens zu neuen Freunden mitnehmen könne. Er wolle seine weiblichen Bekannten nicht ins offene Messer laufen lassen: Nachher kämen sie dann zu Klaus und seiner Frau und heulten sich aus. Klaus schlug vor, dass entweder er selbst den Frauen bei solchen Gelegenheiten vorher ein paar Worte sagen durfte. (»Pass auf, ich bring da einen sehr netten, charmanten Freund mit, der allerdings im Moment nicht offen ist für Beziehungen. Er ist nur der Richtige, wenn du einen Mann für eine Nacht suchst. Ich wollte, dass du das weißt.«) Oder aber Klaus und er würden sich nur alleine oder mit alten Freunden in einem Rahmen treffen, in dem jeder sowieso über die Situation Bescheid wusste.

Klaus sagte seinem Freund außerdem, dass er sich mit den ganzen Frauengeschichten nicht wohlfühle. Er bitte darum, dass der Freund ihm erst wieder etwas über eine Frau erzähle, wenn sein Freund eine feste Beziehung habe. Weder wolle er sämtliche vorübergehenden Bekanntschaften kennenlernen, noch wolle er die ganzen Storys hören.

Der Freund meinte daraufhin, dass Klaus ja wohl extrem spießig sei. Klaus bestätigte dies gelassen und meinte, das könne gut sein. Aber er habe gemerkt, dass ihm der Spaß an der Freundschaft vergangen sei, so wie es die letzten Monate lief.

Er sei ernsthaft bemüht, einen neuen Modus zu finden, in dem die Freundschaft erhalten bleiben könne, ohne dass er, Klaus, sich verbiegen müsse.

»Du bist, wie du bist, und ich bin, wie ich bin. Bisher waren wir trotzdem gute Freunde. Also, was meinst du?«

Sein Freund habe ihn ziemlich verblüfft angestarrt, aber Klaus wusste seit dem Hoppen ganz genau, was er wollte, und für ihn war klar: So – oder gar nicht. Der Freund hat schließlich schulterzuckend zugestimmt.

Mit einem leichten Grinsen meinte Klaus, er habe den Eindruck, dass durch seine Klarheit letztlich doch auch etwas passiert sei: Sein Freund sage den Frauen seitdem offen, dass er im Moment keine feste Beziehung wolle. Das wisse er vom Hörensagen durch den erweiterten Freundeskreis. Vorher habe der Freund diesen wesentlichen Umstand unerwähnt gelassen; deshalb habe es auch so viele Tränen gegeben. Aber nun sei er plötzlich ehrlicher – und das freut Klaus. Er hat nun kein schlechtes Gewissen mehr, wenn er seinen Freund doch mal einer neuen Bekannten vorstellt, die seinem Beuteschema entsprechen könnte.

Immer verliebt
in den Falschen

Eine Single-Frau klagte darüber, dass die Männer, in die sie sich verliebe, sie nie haben wollten. Andererseits: Diejenigen, die sie haben könnte, gefielen aber ihr nie. Sie verstand nicht, wie sie sich das erschaffen hatte.

Wir stellten uns vor, wir wären sie, und fragten uns: »Womit hätte ich mir so eine Situation erschaffen?«

Mach wieder mit: Wenn dir das passieren würde, was wäre dein Grund?

Unsere Antworten:

❖ Männer, die ich möchte, würde ich verprellen, weil ich unbedingt einen guten Eindruck bei ihnen machen will und dann eine unnatürliche Show abziehe, sodass sie erschreckt das Weite su-

164

chen. Und Männer, bei denen ich entspannt und natürlich bleibe und die mich wollen, sind eine zu leichte Beute. Da fehlt mir die Spannung. Eigentlich fehlt es mir an Selbstliebe, und weil ich denke, ich sei so, wie ich bin, nicht liebenswert genug, verstelle ich mich und gerate unter Stress, sobald mir einer gefällt.

❖ Wenn ich Männer nur aus der Ferne anbete, vermeide ich Enttäuschungen und kann weiterhin von meinen Idealvorstellungen träumen, ohne mich mit der Realität einer echten Beziehung auseinandersetzen zu müssen.

❖ Ich hätte Angst vor Männern und würde mich gegenüber denen, die ich haben will, wertlos fühlen. Diejenigen, die mich wollen, empfinde ich als wertlos und verachte sie. Eigentlich verachte ich mich selbst.

❖ Ich denke, dass ich mich anders gebe, als ich wirklich bin. Die, die mich wollen, sehen mein eigentliches Ich. Aber das will ich gar nicht gezeigt bekommen, deshalb meide ich sie.

❖ Wenn ich die Beschwerden über Männer am Laufen halte und dauernd Liebeskummer habe, bekomme ich viel Aufmerksamkeit von meinen Freundinnen.

❖ Bei mir wäre es eine unbewusste Selbstsabotage und Selbstbestrafung. Das Muster dahinter hieße: Ich darf nicht glücklich sein.

❖ Mein Grund wäre, dass ich in einer tiefen Beziehung zu viel Angst vor Verletzung hätte. Deshalb sabotiere ich das insgeheim.

❖ Ich würde gerne im Mittelpunkt stehen und hätte mit diesem Muster immer viel zu erzählen.

❖ Ich würde Entscheidungen vermeiden wollen, weil ich immer denke: Es könnte ja noch etwas Besseres kommen.

❖ Ich würde eigentlich gar nicht wirklich in einer Beziehung leben wollen. Aber weil es gesellschaftlich eher akzeptiert ist, eine Beziehung zu haben, tue ich vor mir selbst so, als würde ich doch eine suchen.

Vielfältige Antworten
Vielleicht geht es dir auch so: Allein die Vielfalt der Antworten bei diesem »heilenden Spiel«

ist beeindruckend – und befreiend, denn man merkt, wie wenig sinnvoll es ist, ins Verurteilen zu gehen oder erraten zu wollen, was im anderen wirklich vor sich geht.

Oft haben die Betroffenen den Eindruck, dass in allem ein Körnchen Wahrheit steckt oder dass 80 Prozent des Gesagten zutrifft. Ihr Verständnis für das Entstehen der Situation vergrößert sich jedenfalls sprunghaft. Es fällt auch viel Ärger von ihnen ab, weil sie erkennen, dass er höchstwahrscheinlich völlig umsonst war. Was sie als Antrieb des anderen vermuteten, war meist zu kurzsichtig gedacht. Und wenn sie sich die vielen möglichen Gründe beim anderen ansehen, verfliegt sofort der Ärger. Erleichterung und Verständnis machen sich stattdessen breit.

Ein letztes Beispiel zum Mithoppen möchte ich noch anführen. Dabei handelt es sich sicher um ein häufiges Problem in Partnerschaften.

Verletzen des Partners

Uwe erzählte, er wollte eine Spritztour mit dem Motorrad machen, als seine Frau Silvia plötzlich zu weinen anfing. Sie fühlte sich verletzt und er wusste nicht einmal, wieso und was überhaupt los war. Wir wollten schauen, was passiert, wenn wir das Thema schlicht an der Basis anschauen, und fragten uns:

1. Wenn ich Silvia wäre, warum erschaffe ich mir, dass mein Partner mich verletzt?

Mach mit! In allen Beziehungen entsteht manchmal die Situation, dass man sich gegenseitig – oft ungewollt – verletzt. Wieso passiert so etwas? Finde deine Antwort, bevor du unsere liest.

Übrigens: Du kannst Fragen, die dir besonders spannend erscheinen, in weiteren Kreisen erneut hoppen. Je nach Mensch und Tagesstimmung können dabei ganz andere Ergebnisse zutage kommen. Es ist immer wieder spannend, selbst

wenn du die gleichen Fragen mehrmals an-
guckst.

❖ Ich würde verletzt reagieren, wenn das Verhalten des Partners eine alte Verletzung in mir
anspricht. Als Reaktion zeige ich die bewusste
Zurückweisung von Zuwendung – das ist ein
Automatismus, der immer wieder auftritt. Ich
sage dem Partner damit unbewusst: »Du kannst
es mir nicht recht machen.« Wenn ich liebe, lasse ich dagegen die Erwartung los, dass mich jemand anderes *ganz* machen könnte. Ich brauche
dann nichts mehr von außen, sondern entdecke,
dass ich schon ganz bin.

❖ Ich erschaffe das immer wieder, um Verzeihen
zu lernen und damit ich wachsen kann. Ich habe
immer zwei Möglichkeiten zur Wahl: Erstens,
ich bin verletzt – und wachse nicht –, oder zweitens, ich vergebe – und wachse.

❖ Wenn alles in der Beziehung perfekt ist, merke ich es gar nicht, sondern langweile mich sogar.
Also erschaffe ich mir Probleme und Verletzungen, um dann wieder das Schöne voll schätzen
zu können.

❖ Ich suche Liebe im Außen – Liebe, die ich mir innen selbst nicht gebe. Es ist eine Abhängigkeit, dass ich das Du brauche. Es ist gut, dass ich die Verletzung spüre, es macht mich wieder bewusst.

❖ Mangelndes Selbstwertgefühl ist der Grund. Meine Aufgabe ist es, das zu erkennen und mein Selbstwertgefühl zu heben. Ich brauche die Verletzung, um den Mangel zu spüren. Wenn ich das Problem und die Verletzung liebe, wird es leichter, damit umzugehen.

❖ Weil es mich wacher macht. Schmerz bringt mich aus dem Routinedenken heraus, sodass ich neue Wege gehen kann. Und ich merke: Das passiert, weil ich nicht genug in Kontakt mit dem Partner bin. Ich habe auch Angst, so zu werden wie meine Eltern. Die Verletzungen zeigen mir, was ich will und was ich nicht will.

❖ Die Verletzung unterbricht den Kontakt zum Partner. Dann bin ich nicht mehr im Kontakt, sondern im Schmerz. Ich sehe nur noch den roten Knopf, nicht mehr den Menschen. Ich erschaffe das, weil ich lernen will, bei mir zu sein, ohne Erwartung. Eigentlich will ich in meine Gefühle kommen und den Schmerz heilen.

Wenn ich »Tut mir leid, ich liebe mich« zu mir sage, entsteht innere Ruhe und die Gewissheit, dass es eine Lösung gibt, die für beide Partner okay ist.

❖ Ich habe das erschaffen, um mich zu züchtigen. Warum? Um mich zu spüren, denn ich liebe gerade nicht, sondern bewerte. Wenn ich mithilfe des »Ich liebe mich« wieder in das Gefühl von Liebe gehe, sehe ich die positive Absicht dahinter; ich akzeptiere, was ist, und komme ganz im gegenwärtigen Moment an.

❖ Ich erschaffe es mir als Spiegel, denn ich verletze manchmal meinen Partner auch. Und statt zu schmollen, sollte ich lieber fragen: Wo habe ich meinen Partner zuletzt verletzt?

2. Wenn ich Uwe wäre, warum würde ich meine Partnerin verletzen?
(Die Namen sind natürlich austauschbar: Mal ist er es, mal sie!)

Denke ans Mitmachen, bevor du unsere Antworten liest. Auch unsere Antworten sind immer nur eine Auswahl aus der unendlichen Vielfalt an Möglichkeiten. Hoppe ein Thema, so oft wie nötig, bis du das Gefühl hast, im Frieden mit dem Thema zu sein.

❖ Ich bin verletzend in Momenten, in denen ich keine Kontrolle über meine Emotionen habe. Ich habe so viel Anspruch an mich, nett zu sein, dass ich mich dauernd selbst unterdrücke, überfordere und dann zusammenbreche, quasi ohnmächtig und unbewusst.
Wenn ich mich und meine Gefühle liebe, entsteht Trauer, denn ich bin nicht perfekt. Dem folgt Wut darüber, dass oft mit mir so verletzend umgegangen worden ist. Wenn ich das Mantra »Es tut mir leid, ich liebe mich« weiter wiederhole, entsteht erst innerer Frieden und dann muss ich lachen. Lachen darüber, dass wir immer wieder abwechselnd Opfer und Täter sind.

❖ Ich verletze, wenn ich so mit mir beschäftigt bin, dass ich auf Notstrom laufe. Ich brauche jetzt Aufmerksamkeit, da kann ich nicht auf andere achten. Es ist keine Liebe mehr übrig für andere – keine Rücksicht mehr. Es geht dann nur so, wie es eben geht. Im Grunde bin ich es dann gar nicht, sondern nur noch mein Schatten.
»Tut mir leid, ich liebe mich« gibt mir das Ge-

fühl, es ist okay, Fehler zu machen. Der andere handelt immer für sich, nie für mich.

❖ Ich verletze nie bewusst, nur unbewusst. Ich tue es, um mich über Reibung zu definieren.
»Tut mir leid, ich liebe mich« bewirkt, dass ich das Gefühl habe, keine Reibung mehr zu brauchen. Auf einmal fühle ich nur noch die Einheit mit dem anderen.

❖ Ich mache es letztlich aus Liebe, da ich ein Spiegel bin, um dem anderen zu zeigen: Da ist etwas, das geheilt werden will. Oder ich verletze, wenn ich etwas besonders gut und richtig machen will, denn da bleibe ich nicht bei mir, sondern verdrehe mich, um gut zu sein, und genau dann tue ich weh, weil ich nicht ich bin.

❖ Ich weiß überhaupt nicht, was die Partnerin von mir erwartet; daher tue ich das, wovon ich annehme, dass sie es gut findet. Das ist dann aber oft nicht so.

❖ Ich habe verschiedene Gründe gefunden:
Erstens, ich verletze, weil ich gerade die Nähe und Liebe nicht ertrage. Ich tue etwas, um Abstand zu bekommen.

Zweitens, ich habe das Grundgefühl: Ich bin nicht gut, ich bin nicht richtig. Deshalb handle ich so, dass dieses Gefühl wieder aktiviert wird und sich selbst bestätigt.

Drittens, es ist normal, andere zu verletzen, wenn ich meinen Weg gehe. Als ich meinen Weg begonnen habe, bei der Geburt, habe ich meiner Mutter, die mich sicher liebt, Schmerz zugefügt. Wenn ich meinen Weg gehe, hinterlasse ich eine Art Schneise im Wald hinter mir. Dabei lässt sich nicht vermeiden, dass ich manchmal andere verletze. Umgekehrt ist die Forderung an mich selbst, immer lieb und nett zu sein und keinem wehtun zu wollen, ganz sicher die perfekte Methode, meinen Weg nicht zu gehen. Stattdessen gehe ich eben den Weg, keinem wehzutun, und das kann nicht »mein« Weg sein, da ich dann nur Rücksicht auf andere nehme.

❖ Es ist ein Aufschrei, dass da etwas ins Stocken geraten ist. Verletzungen entstehen, um etwas loszutreten. Es wird eine Reaktion erzeugt, um zu verändern.

Wenn ich liebe, entsteht wieder ein Fließen. Die Liebe fließt wieder und beide Partner dürfen dann sein, wie sie sind.

❖ Ich will nicht verletzen. Wenn ich es tue, dann nur unbewusst. Wenn ich Angst habe, andere zu verletzen, passiert es mir umso öfter. Liebe ich mich selbst, kommt ein neues Gefühl, das besagt: Keiner ist vollkommen, es ist okay, auch mal zu verletzen.

❖ Ich verletze aus Unachtsamkeit. Ich bin ich und verletze eben auch mal. Ich verletze, wenn ich zu wissen glaube, wie es richtig ist. Dann vertraue ich nicht meinem Gefühl, dann bin ich nicht mehr authentisch.
Oder ich verletze, um zu sehen, ob der Partner mich noch liebt. An seiner Reaktion meine ich dann, das ablesen zu können.

Ergebnisse des Hoppens

Die meisten geschilderten Beispiele sind noch zu frisch für Ergebnisse. Aber ein Resultat gibt es doch schon, und zwar von einer Teilnehmerin derselben Gruppe, in der die Geschichte der Geliebten und des Millionärs »durchgespielt« wurde. Hier eine E-Mail von ihr:

Die Begegnung mit Dir und Ho'oponopono beeindruckt mich nachhaltig. Meine Beziehung ist so richtig schön in Bewegung gekommen, sodass ich mich manchmal fast am Tisch festhalten muss. Mit der doppelten Verständnistechnik bewegen sich sogar uralte Emotionskrusten. An einem verregneten Sonntag habe ich immer wieder zwischen dem Aufräumen die Übung gemacht, und abends fühlte sich mein Partner an, als wären wir neu verliebt, bzw. fast so, als hätten wir uns so noch nie berührt.
Ich war übrigens die zweite Person in [...], die Frau, die keine Lust mehr hat, den »Abfalleimer« für ihren Partner zu spielen. Mir ist dazu

noch eingefallen, dass ich dieser Abfalleimer auch bei meinem Vater war. Da mein Partner nicht gleich Lust auf die Änderung hatte, ergaben sich daraus spannende Szenen. Seither spüre ich jedenfalls ein unbeschreiblich befreiendes Gefühl. Vielen Dank!

Eine zweite Rückmeldung traf ebenfalls per E-Mail ein: von einer Frau, die ihre Exkollegin gehoppt hat. Das ist zwar keine Liebesbeziehung, aber eine geschäftliche Beziehung, und unterm Strich ist es belanglos, um welche Art zwischenmenschlicher Verbindung es sich handelt. So oder so gilt: Unsere Ausstrahlung beeinflusst das Verhalten unseres Gegenübers.

Ihr wisst, dass ich wirklich eine fleißige Hopperin bin und schon viel Erstaunliches erlebt habe. Aber das Neueste übersteigt nun wirklich alles andere: Meine Exkollegin, mit der ich noch ein paar Dinge regeln muss, war am Telefon und auch persönlich immer sehr ekelig und schnippisch. Ich bekam jedes Mal Herzrasen, wenn sie oder ihr Mann nur in meine Nähe kamen.
Zuletzt ging es um etwas konkret zu Klärendes, und sie rief mich deswegen an, als ich letzte

Woche bei Euch war. Ich sagte ihr, dass ich sie in der Woche zurückrufen werde, um mit ihr darüber zu sprechen.

Beim Seminar holte ich mir dafür den nötigen Mut. Trotzdem bekam ich immer, wenn ich den Hörer in die Hand nehmen wollte, Adrenalinstöße. Dann fiel mir das Hoppen ein. Na klar, warum war ich darauf noch nicht gekommen!? Ich stellte mir vor: Wenn ich so bissig und zynisch wäre, warum wäre ich so? Und als Antwort kam: Weil ich arbeitsmäßig total überlastet bin, weil ich gerade an mehreren Baustellen Ärger habe etc.

Da verwandelte sich im selben Moment das Adrenalin in Mitgefühl für diese Frau, und meine Angst vor dem Telefonat war wie weggeblasen.

Am selben Nachmittag rief sie mich von sich aus wieder an und war wie ausgewechselt: freundlich, klar und sehr mitfühlend für meine Situation. Sie sagte, es gebe im Leben eines jeden Menschen auch Schicksalsschläge und sie wünsche mir das Allerbeste. Und dann sagte sie sogar noch: »Wenn Sie beruflich mal etwas brauchen, können Sie sich jederzeit an mich wenden, scheuen Sie sich nicht.«

Ich war absolut sprachlos. Das war wie ein Wunder!

Einem Ehepaar hatte ich erzählt, dass ich mal ein Au-pair-Mädchen, mit dem wir nicht so klarkamen, so lange hoppte, bis ich gefühlsmäßig kein Problem mehr mit ihm hatte. Damit kam aber scheinbar sie nicht klar. Vielleicht suchte sie unbewusst die altvertraute Problemenergie oder es war einfach Zufall. Jedenfalls kündigte sie erstaunlicherweise ein paar Tage später.

Dieses Ehepaar nun besitzt ein Mietshaus und hat in einem Stockwerk unliebsame Mieter. Eines Abends kam ihnen die geniale Idee: »Die hoppen wir jetzt so lange, bis wir uns mit ihnen gut fühlen und ihr Verhalten irgendwie nachfühlen können. Und wenn es uns dann egal ist, ob sie gehen oder bleiben, passiert vielleicht das Gleiche wie bei Bärbels Au-pair und sie kündigen von alleine.«

Gesagt, getan. Die beiden fühlten sich in der Tat viel versöhnlicher den Mietern gegenüber und waren zufrieden.

Vier Wochen später reichten die Mieter die Kündigung ein – das Ehepaar war hoch begeistert. Sie wollten das Haus nämlich ohnehin verkaufen, und ein leer stehendes Haus lässt sich da viel leichter »handeln«.

Als die beiden anriefen, um mir davon zu erzählen, war ein Freund zu Besuch, der seine Exfreundin nicht loswurde. Sie klebte an ihm wie Pech, fand er; er wusste absolut nicht, was er mit ihr tun sollte, da er auch nicht zu barsch oder gar verletzend werden wollte. Nur loswerden wollte er sie, aber halt in Frieden. Sein Problem war außerdem, dass sie im selben Mietshaus wohnte wie er und dass sie sich nach wie vor zwangsläufig sahen.

Also hoppte er fleißig. Er hat mir nicht verraten, welche Gründe er für sein oder ihr Verhalten in sich fand. Aber das Ergebnis ist ebenfalls erstaunlich: Er erzählte mir, dass er nach dem Hoppen ihr Klammern zwar mit einem kleinen Seufzer, aber dennoch mit viel Verständnis annehmen konnte. Er ging sogar so weit, dass er extra einen Tee für sie kochte, bevor sie zur üblichen Zeit heimkam. Es sollte eine Art Friedenstee sein nach dem Motto »Na gut, dann klammerst du halt«.

Nach ihrer Rückkehr wartete er vergeblich auf das übliche Klingeln an seiner Tür. Dabei stand doch schon der Tee auf dem Tisch. Verwundert ging er zu ihr hinüber und klingelte nun selbst. Und was war? Sie war verabredet, bedankte sich überrascht für den Tee, konnte aber leider nicht kommen.

Also kochte er eben am nächsten Abend wieder Tee. Diesmal würde sie sicher kommen, wo sie doch nun wusste, dass er seine Abwehr aufgegeben und sogar Tee gemacht hatte.

»Und ich sage dir was«, schloss er seine Erzählung, »das ist jetzt schon drei Wochen her. Sie hat nie wieder geklingelt oder angerufen. Ich habe nur von einem anderen Nachbarn gehört, dass sie die Wohnung gekündigt hat und auszieht. Ich bin baff.«

Total sein

Ich mache gerade eine Übung, die für dich vielleicht ebenfalls nützlich ist, falls du in einer ähnlichen Lage sein solltest.

Einerseits bin ich berufstätig und liebe meine diversen beruflichen Aufgaben. Außerdem bin ich Mutter und liebe meine Kinder. Einen Mann, den ich liebe und mit dem ich gerne Zeit verbringen möchte, habe ich auch noch. Und ich habe einen Körper, den ich liebe, dem ich gerne Zeit für Sport, Frischluft und Meditation gönnen möchte. Mich selbst liebe ich auch noch, und ich möchte auch mal Zeit ganz für mich, und außerdem möchte ich die Muße haben, mit Freunden zusammen zu sein.

Der Tag hat 24 Stunden – und das alles passt ganz und gar nicht hinein.

Ohne dass es mir aufgefallen ist, hatte sich ein ungünstiges Gedankenmuster eingeschlichen: Wenn ich gearbeitet habe, hatte ich ein schlechtes Gewissen, weil ich nicht bei den Kindern war.

Wenn ich bei den Kindern war, dachte ich an die Jobs, die gerade liegen blieben. Wenn ich mit Manfred zusammen war, sann ich darüber nach, ob die Zeit noch fürs Fitness-Studio reichen könnte. Und so weiter und so fort.

Schließlich hatte ich einen Energiestau im Körper, einen riesigen Hautausschlag und die Gewissheit, dass mal wieder etwas der Änderung bedurfte. Denn wer vollkommen in Balance ist, dessen Körper ist es in der Regel auch.

Meine Pranaheilerin gab mir den entscheidenden Impuls: »Wenn du den ganzen Tag als Hausfrau beschäftigt wärst, aber unzufrieden und innerlich nicht präsent wärst, dann würden die Kinder trotzdem nicht genug von dir bekommen. Was die Kinder brauchen, ist nicht vorwiegend Quantität, sondern Qualität. Zehn Minuten total bei den Kindern zu sein, mit ganzem Herzen und all deiner liebevollen Aufmerksamkeit und Dankbarkeit dafür, dass sie in deinem Leben sind, kann vom Gefühl und der Energie her so erfüllend sein wie eine Woche Urlaub. Immer wenn du total bist, kannst du so viel Energie fließen lassen wie beim Durchs-Leben-Schlurfen in einer Woche.«

Ich habe es ausprobiert. Natürlich verbringe ich nicht nur zehn Minuten am Tag mit den Kindern, aber ich achte darauf, dass ich mit meiner Aufmerksamkeit und Liebe »total da bin«.

Das hat interessante Effekte. Es kommt vor, dass sie mich nicht arbeiten lassen. Dann lasse ich alles stehen und liegen, gehe mit ihnen spielen und bin dabei »total«. Und der Gag ist, dass sie mich nach zehn Minuten von alleine wieder wegschicken: »Mama, du kannst wieder arbeiten gehen. Wir spielen alleine weiter ...«

Das heißt nicht, dass ich um gelegentliches stundenlanges Basteln, um Ausflüge, Waldentdeckungskurzwanderungen und so weiter herumkäme. Will ich ja auch gar nicht. Aber: *Ich spare enorm viel Zeit, indem ich meine Arbeit nicht zum falschen Zeitpunkt durchziehen will, sondern lieber dem »Flow« folge.*

Was ist jetzt dran? Kinder? Okay! Manfred, Sport, Waldspaziergang? Alles okay. Es gibt reine Kindertage, reine Arbeitstage, reine Bärbel-Abhäng-und-Sport-Tage und sehr häufig lässt sich nicht planen, welcher Nachmittag wie sein wird. (Die Vormittage stehen eh überwiegend fest, da gibt es weniger Spielraum.)

Für mich ist es eine echte Aufgabe, dem Flow zu vertrauen, dass am Ende für alles genug Zeit sein wird. Es ist auch eine echte Aufgabe, »total« zu sein – egal für wie viele oder wenige Minuten – und nicht in Gedanken zu überlegen, was ich noch unbedingt hier und da und dort erledigen muss.

Ich stelle aber zweifelsfrei fest: Je besser es mir gelingt, desto mehr von allem schaffe ich. Das klingt völlig unlogisch, ist aber so. Immer wieder denke ich, ich werde in Arbeit untergehen und in diesem und jenem, aber wenn ich dem Flow folge, habe ich selbst für die Arbeit mehr Zeit, als je gedacht. Und mit dem Partner ist es natürlich genauso. Je vollkommener ich innerlich anwesend bin in der Zeit, die wir gemeinsam verbringen, desto mehr Qualität bekommt die Partnerschaft, desto nährender und harmonischer ist sie.

Hilfreiche Mantren, wenn ich in Stress gerate

Ich erlaube mir, total unperfekt zu sein (dadurch klappt viel öfter alles perfekt, weil der Druck wegfällt).

Ich erlaube mir sogar in allen Bereichen (Job, Kinder, Partner, Sport) unperfekt zu sein.

Ich bin gerne bei meinen Kindern und es ist toll, total da zu sein (und sei es nur für fünf oder zehn Minuten).

Ich bin gerne mit Manfred zusammen und es ist toll, dabei total da zu sein.

Ich arbeite gerne und ich kann dem Flow vertrauen und alles geruhsam und gelassen erledigen – dann wird immer genug Energie da sein, um alles zu schaffen.

Mit einem Gefühl von Stress im Bauch werde ich beispielsweise abends viel schneller müde. Im Moment ist es 1:05 Uhr morgens und ich bin noch fit und werde als Nächstes das Seminar am Wochenende vorbereiten. Das Tollste daran ist, dass ich morgen einen Sportvormittag einlegen kann. Allein der Gedanke daran lässt mich entspannt vor mich hin grinsen. Würde ich mich beeilen, wäre ich schon seit zwei Stunden platt wie eine Flunder und müsste schlafen.

»Total sein« reicht in Fünf- bis Zehn-Minuten-Paketen. Im Flow sein kann man den ganzen Tag.

Im nächsten Kapitel zeige ich dir eine Übung, die speziell das »Totalsein« in der Partnerschaft fördert und erleichtert.

Herzumarmung

Laut einem Artikel im Magazin »DIE ZEIT« reden deutsche Ehepaare im Schnitt vier Minuten am Tag miteinander. Wenn ich so wenig mit meinem Partner spreche, wissen selbst entfernte Bekannte innerhalb kürzester Zeit mehr über mich als mein Partner. Dass auf diese Weise keine innige Beziehung entsteht, ist eine simpel zu erfassende Tatsache.

Reden ist wichtig – es ist fast egal, worüber. Wer es nicht kann, muss es üben – oder eben alleine leben. Letzteres ergibt sich recht bald von alleine bei derartigen Kommunikationslöchern.

Allerdings ... Hier kommt Entspannung für alle Redemuffel, denn die Kommunikationslöcher lassen sich auch ohne Gespräche schließen – oder besser: die verbale Kommunikation lässt sich nonverbal anregen.

Wer nicht so gerne mit Mund und Zunge redet, kann zunächst den Körper sprechen lassen. »Herzumarmung« – so nennt sich ein altes Wundermittel, um die Energie in Paarbeziehungen lebendig zu erhalten und zu optimieren. Laut Maharani Anand, Autorin des Buches »Die Herz-Umarmung«, sind bei regelmäßiger Anwendung eine Reihe von kleinen und großen Wundern zu erwarten.

Sie beschreibt, dass sich die Körper von Frauen und Männern wie zwei unterschiedliche Pole verhalten. Indem sich Frau und Mann Herz an Herz umarmen, fließe Energie zwischen den beiden Polen – was beiden Partnern Kraft spende. Das wirke sich gesundheitlich wie auch emotional positiv aus und sei beziehungsfördernd. Selbst der berufliche und familiäre Erfolg des Paares werde zunehmen, wenn diese Übung täglich für ein paar Minuten ausgeführt wird.

Zitat: »Ein Paar, das diese Polarität lebt und dadurch sein Energiepotenzial freisetzt, findet direkten Zugang zur Quelle der Lebensenergie, wie sie sonst nur einem hochentwickelten Einzelnen, einem Erleuchteten verfügbar ist. Ein solches Paar strahlt Glück aus und zieht damit Freude, Erfolg und Wohlstand an. Es wirkt auf seine Umwelt wie ein Magnet.«

Das klingt schön, aber wirklich schlauer ist man erst, wenn man es selbst ausprobiert hat. Also legten Manfred und ich los. Die einzig wirklich wichtige Vorgabe ist, dass man zehn Minuten Herz an Herz ausharrt – wie auch immer. Ob man sich im Stehen umarmt oder im Sitzen oder sogar im Liegen, ist für den Batterieeffekt letztlich egal.

Man kann der verstärkten Wirkung zuliebe in den anderen hineinspüren und ihn mit seiner Aufmerksamkeit abtasten, als würde man ihn in Gedanken streicheln. Das schafft eine noch mächtigere emotionale Verbindung und gibt ein Gefühl innerer Befriedigung.

Wichtig: Zeit für Sex ist wann anders. Die Herzumarmung ist etwas Zusätzliches. Das ist zu beachten, sonst geht der Effekt dieser Übung verloren. (Zum Thema Sex habe ich aus unserer Sicht ein Buch geschrieben. Es muss nicht jedermanns Geschmack sein; wie immer muss jeder selbst im Herzen prüfen, was für ihn richtig ist.)

Ein Tipp meines Mannes

Besonders schön ist es, in diesen zehn Minuten positiv über die Beziehung zu denken, sich vorzustellen, dass gute Energie zum Partner fließt, dass der Partner bei mir richtig auftanken kann. Ich verbinde mich mit meinem Herzen und atme aus dem Herzen aus und ein. Ich denke an die guten Seiten des Partners, was ich an ihm mag, und warum ich damals beim ersten Verliebtsein so begeistert war.

Im Grund tue ich dem Partner dabei bewusst »etwas Gutes«. Ich umhülle ihn mit guten Gedanken und Gefühlen. Und erstaunlich, erstaunlich, mir geht es danach auch besser, als hätten die guten Gefühle meine eigene Energie gereinigt und geheilt. Es ist so was wie »Psychohygiene« für Partner zehn Minuten am Tag.

Ich staune, wie diese kleine Übung die Verbundenheit selbst an Tagen herstellt, an denen der totale Stress herrscht und man eigentlich keine übrige Zeit für gar nichts hat. Aber zehn Minuten kann man immer irgendwo einschieben, und sie ändern auf mysteriöse Weise etwas am Grundgefühl im Körper, in der Partnerschaft und überhaupt. Es ist wie zehn Minuten Energietanken. Mir scheint, es ist die schnellste Art, zu entspannen, wenn ich in Megahektik von irgendwoher komme. Zehn Minuten Herzumarmung, und mein ganzer Körper entspannt sich.

Maharani Anand schreibt, es sei ein Irrtum, zu glauben, Tempeldienerinnen hätten für Sex zur Verfügung gestanden. Im Gegenteil, sie hätten für Herzumarmungen gedient, weil man sich dessen bewusst gewesen sei, dass Alleinstehenden nicht das volle Energiepotenzial zugänglich ist. Um nicht auf den Energieaustausch durch Verbindung der Pole männlich/weiblich verzichten zu müssen, habe es eben die Tempeldienerinnen gegeben. Und gut wäre es, man würde das heute wieder einführen. Man muss keine Beziehung dafür haben. Es reicht, einen Menschen des anderen Geschlechts zehn Minuten lang Herz an Herz zu umarmen.

Eigentlich keine schlechte Idee, so eine »Tankstelle für Herzumarmungen«, oder? Viele Frauen würden sicherlich schnell den Sinn dieser Übung einsehen. Wir bräuchten nur noch einen guten Anreiz für Männer, das Ganze nicht »uncool« zu finden.
Dass Umarmungen grundsätzlich gesund sind und das Immunsystem stärken, weiß schließlich jeder oder fast jeder. Nun gibt es eben noch die Zusatzinformation der Herzumarmung.

Vielleicht sollte man folgende Bedingung in Arbeitsverträge aufnehmen: »Die Firmenleitung ist zu der Erkenntnis gelangt, dass dem Angestellten nur sein volles Potenzial zur Verfügung steht, wenn er ausreichend Herzumarmungen praktiziert. Der Unterzeichnete verpflichtet sich daher, an den täglich vor der Mittagspause im Unternehmen stattfindenden Herzumarmungen teilzunehmen. Andernfalls ist unbedingt zu Hause zu praktizieren. Bei Nichteinhaltung erfolgt sofortige Entlassung wegen Energiemangels und unerwünschter Coolness am falschen Platz ...«

Gut, dass ich keine Angestellten habe.

Probier es lieber aus freien Stücken! Im Übrigen solltest du den Wert der Übung nicht danach bemessen, wie du dich während der Übung fühlst, sondern lieber nach den Effekten, wenn du ein halbes Jahr lang (so gut wie) täglich geübt hast.

Herzumarmungen sind ein kraftvolles Werkzeug. Geist, Körper und Seele tanken auf – der Mensch entspannt sich. Und auf einmal fallen uns wieder tausend kleine Unwichtigkeiten ein, die wir unserem Partner noch erzählen könnten – und schon sind auch die vier Minuten Restkommunikation mit dem Partner kein Problem mehr, weil sich schnell die neue Gewohnheit breitmacht, sich auch über Gefühle und Kleinigkeiten auszutauschen.

Eine Freundin von uns, die uns das Buch von Maharani Anand empfohlen hat und die Methode selbst seit Jahren anwendet, sagt zur Herzumarmung: »In normalen Zeiten bringt die Herzumarmung eine größere Verbundenheit, sodass der Alltag leichter funktioniert. Man regt sich einfach nicht so über Kleinigkeiten auf, wenn man regelmäßig Herzumarmung praktiziert. In Krisenzeiten, wenn man gerade streitet, ist es ein Geheimtipp, zehn Minuten Herzumarmung in Stille zu machen, bevor man über das Problem redet. Selbst wenn man schon angefangen hat, sich anzuschreien, kann man einen Stopp einlegen, Herzumarmung machen – und danach verläuft das Gespräch einfach ganz anders, viel friedlicher und konstruktiver. Meines Erachtens gehört die Kombination Zwiegespräch und Herzumarmung zu den wirksamsten Instrumenten für eine glückliche Beziehung.«

Mit Zwiegespräch meint sie, dass jeder Partner zehn Minuten Redezeit hat (und diese auch füllen muss, egal womit!), während der andere dann nur zuhören darf. Kommentare, ja selbst jede Mimik sind verboten. Nach einer kleinen Pause, in der man ein Glas Wasser oder Tee trinkt, ist der andere mit zehn Minuten Redezeit an der Reihe.

Die besagte Freundin hat kürzlich ein Paar, das seit zehn Jahren miteinander glücklich ist, nach seinem Glücksrezept befragt. Auch dieses Paar gab zu verstehen, dass die Partnerschaft ohne die fast tägliche Herzzeit sicher nicht geklappt hätte, denn mit Kindern und Alltag verfällt man allzu schnell in einen Trott, in dem die Verbindung abreißt. Herzzeit bedeutet bei den beiden, dass sie sich eine Herzkerze anzünden, Herzumarmung und das oben beschriebene Zwiegespräch praktizieren und dieses kleine Ritual dann auslaufen lassen, wie immer es sich ergibt, oder je nachdem, wie viel Zeit sie sich genehmigen.

Schlussgedanken

Ich bat um Kraft – und mir wurden Schwierigkeiten gegeben, um mich stark zu machen.

Ich bat um Weisheit – und mir wurden Probleme gegeben, um sie zu lösen und dadurch Weisheit zu erlangen.

Ich bat um die perfekte Partnerschaft – und mir wurde ein Partner gegeben, der mir perfekt spiegelt, welche Teile in mir noch der Heilung bedürfen, damit ich eine perfekte Partnerschaft führen kann.

Ich bat um ein Dauer-Happy-End wie im Märchen – und mir wurden dauernd neue Herausforderungen beschert, um wach zu bleiben und um mein Beziehungsprogramm stets selbst zu schreiben, anstatt es meinen alten inneren Mustern und Gewohnheiten zu überlassen.

»Du wirst zu Staub, wenn du Staub im anderen siehst, und zu Gott, wenn du Gott im anderen siehst«, sagt ein altes Sprichwort.

Wir können es erweitern: »Eine Beziehung ist eine Gelegenheit, gemeinsam viel Staub zu produzieren – oder gegenseitig das Göttliche in uns zu erwecken.«

Oder:

Mein Partner ist die beste Gelegenheit, mein göttliches Potenzial erfahrbar zu machen.

In diesem Sinne wünsche ich dir märchenhaft schöne und erfüllende Beziehungen, für die es sich lohnt, immer wieder neugierig aufeinander zuzugehen.

Bärbel

www.baerbelmohr.de
www.cosmic-ordering.de (enthält u.a. alle Ausbildungs-Infos)
www.innere-schluessel-technik.de

Kurz vor Druckschluss erreichte mich noch folgende Leser-E-Mail:

Der richtige Mann war der falsche

Hallo Bärbel,
ich muss Dir erzählen, was ich mir bestellt habe. Aus meiner Ehe war etwas die Luft raus und es gab ganz viele Dinge, die ich unmöglich fand. Ich war der Meinung, ich habe etwas Besseres verdient, und habe mir dieses Bessere beim Universum bestellt, nämlich einen neuen Mann. Ich wollte mal wieder so richtig verliebt sein und den Energiefluss deutlich auf der Herzebene fühlen.
Was soll ich sagen? Das Universum hat geliefert – und wie! Wir sind uns im Stehcafé am Bahnhof begegnet und waren uns auf Anhieb sympathisch. Aber dann mussten wir beide zum Zug und haben uns verabschiedet, ohne Adressen auszutauschen. Schließlich bin ich ja liiert, da tauscht man nicht mit anderen Männern Adressen aus.
Aber nun rate, wer mir im Zugabteil wieder begegnet ist! Genau, er! Wir hatten Sitzplätze im selben Abteil reserviert. Wir haben gleich Sitze getauscht und saßen dann für viele Stunden

nebeneinander und ratschten und ratschten. Ich glaube, bei uns beiden ist so richtig der Funke übergesprungen.

Diesmal haben wir natürlich E-Mail-Adressen ausgetauscht. Am nächsten Tag schon habe ich geschrieben – und dann nichts mehr gehört. Ich war fertig. Ich hatte Liebeskummer wie ein Teenager und konnte es gar nicht verstehen. Erst drei Wochen später kam eine Antwort. Es stellte sich heraus, dass er zwar gleich geantwortet hatte, aber seine erste Mail war bei mir im Spam-Ordner verschwunden. Die zweite erreichte mich zum Glück.

Nun schrieben und telefonierten wir täglich und lernten uns näher kennen.

Tja, und dann ist etwas Seltsames passiert: Ich kann immer noch eine sehr herzliche und warme Verbundenheitsenergie zwischen uns und hin- und herfließen spüren. Aber ich will ihn nicht mehr haben! So wie er lebt, das wäre nichts für mich. Ich würde völlig kirre werden.

Was das Ganze mir – im Nachhinein betrachtet – gebracht hat? Jetzt weiß ich, warum ich mit meinem Mann verheiratet bin und mit keinem anderen. Er passt einfach so gut wie kein anderer. Jetzt merke ich, dass es nicht darum geht – für mich zumindest nicht –, einen neuen

Mann zu finden, sondern frischen Wind in die Beziehung zu bringen und die Probleme irgendwie zu überwinden. Ich bin jetzt sicher, mir wird etwas einfallen. Weil ich weiß, der gesuchte richtige Mann war der falsche. Den wirklich richtigen habe ich schon.

Trotzdem gut, dass das Universum wunschgemäß geliefert hat, sonst hätte ich das nie gemerkt.

Grüße aus dem Schwarzwald!
A.

Anhang

Authentisches Outfit hilft bei der Partner-suche

Oft machen wir uns hübsch, rüschen uns auf, verbringen Stunden am Schminktisch und wundern uns dann, wenn unsere Verehrer nur auf Äußerlichkeiten aus sind und sich nicht für unser wahres Wesen interessieren.
Ein hübsches Outfit ist immer eine Freude fürs Auge, aber wir sollten es nicht nutzen, um unsere Persönlichkeit dahinter zu verstecken. Solange der authentische Selbstausdruck nicht im Vordergrund steht, können wir nicht erwarten, Partner zu finden, die wirklich uns meinen.

Herta Hirt ist ein Supertipp für Menschen, die gerne hübsch aussehen, mit dem Outfit aber nicht ihre Persönlichkeit überstrahlen wollen. Herta macht Farbberatungen auf eine sehr besondere Weise: Sie sieht eine Art fixe Basisaura beim Menschen sowie deren Farben. Die Schicht ändert sich laut Herta nie. Und wenn man in der Kleidung die gleichen Farben trägt, wie sie in dieser Basisaura vorhanden sind, stärkt man sein körpereigenes Energiefeld, seine innere Kraft und Ausstrahlung. Das erleichtert die Auswahl beim Kleidungskauf ungemein und reduziert sie gleichzeitig drastisch. Herta hatte bisher unter mehr als 4000 Kunden übrigens noch keine zwei mit derselben Farbkombination, sagt sie!

Einen Artikel dazu findest du auf meiner Homepage im Onlinemagazin. Und mehr über Herta erfährst du unter www.lebensfarben.eu

Tipps für mehr Freude am Beruf

• Ursula Maria Lang, mit der mein Mann und ich die Innere-Schlüssel-Technik im Firmenbereich praktizieren, macht auch wundervolle Berufungsberatungen. Siehe www.ursula-maria-lang.com

• Holger Merz berät zum Thema »Glücklich im Beruf«: www.beruflich-gluecklich.de
Falls ihr den Film »Bärbel Mohr's Cosmic Ordering« gesehen habt: Holger ist der Blonde mit dem dunklen Jackett im roten Sessel. Du kannst

auch den Begriff »Berufsberatung« googeln; vielleicht findest du eine/n gute/n Berater/in in deiner Nähe.

• Wem Einzelcoachings zu kostenintensiv sind, dem empfehle ich die Bücher von Barbara Sher: »Wishcraft. Lebensträume und Berufsziele entdecken und verwirklichen« und »Ich könnte alles tun, wenn ich nur wüsste, was ich will«.

Weitere Buchtipps und mehr zum Beziehungsthema:

• Gigi Tomasek: »Hallo Tarzan«
Dieses Buch ist eher an Frauen gerichtet. Gigi hält auch Trainings und Seminare in Deutschland ab – für Männer und Frauen. Ihre Grundaussage: Männer haben im Grunde keinen größeren Wunsch als den, dass ihre Partnerin mit ihnen glücklich ist. Aber sie haben keine Ahnung, wie sie das hinbekommen sollen. Daher muss die Partnerin den Mann coachen, wie er sie glücklich machen kann. Dabei geht es nicht nur um Liebesbeziehungen, sondern auch um die Mutter-Sohn-Beziehung, das Verhältnis zum Vater oder Bruder und um Geschäftsverbindungen mit Männern.

• John M. Gottman: »Die 7 Geheimnisse der glücklichen Ehe«
Im Ehelabor wurden glückliche und unglückliche Paare beobachtet; dabei hat man sieben Verhaltensweisen entdeckt, die bei allen glücklichen Paaren gleich sind. Nachmachen und abgucken lohnt sich.

• Bücher von Chuck Spezzano: Schau dir einfach die verfügbaren Titel bei einem Internetbookshop an und entscheide selbst, welches Buch du lesen magst. Die Erkenntnis des Autors besagt unter anderem, dass es nur »Liebe« oder »den Ruf nach Liebe« gibt: Der Liebe den Vorzug zu geben bedeutet, dass du den Ruf nach Liebe hörst, egal wie versteckt er gerade sein mag.

• Marshall Rosenberg: »Gewaltfreie Kommunikation« oder Serena Rust: »Wenn die Giraffe mit dem Wolf tanzt«
Grundaussage: Wir haben eine selbstzerstörerische Art zu kommunizieren; sie dient nicht dazu, das zu erreichen, was wir möchten. »Gewaltfreie Kommunikation« lehrt, wie man so kommuniziert, dass man den anderen im Herzen erreicht, sodass er den ganz natürlichen Wunsch hat, unsere Bedürfnisse zu befriedigen. Denn das ent-

spricht dem Wesenskern aller Menschen: den Bedürfnissen der anderen entgegenzukommen und dazu beizutragen, dass alle glücklich sind. Der innere Raum dazu entsteht aber nur, wenn wir verbal gewaltfrei und liebevoll kommunizieren.

• Maharani Anand: »Die Herz-Umarmung. Dieses Buch kann Beziehungen heilen«
Grundaussage: Durch täglich zehnminütige Umarmung Herz an Herz werden beide Beziehungspartner energetisch wie eine Batterie aufgeladen. Die Körperenergien tauschen sich dabei von alleine aus, und das Grundgefühl der Beziehung wird von ganz alleine inniger und verbundener. Außerdem soll diese Übung Heilkräfte entfalten und das Paar »magnetischer« machen für positiven Erfolg auf allen Ebenen des Lebens.

Thema Sex

• Bärbel Mohr: »Sex wie auf Wolke 7«.
Artikel dazu: http://www.baerbelmohr.de /content/view/123/23/

• Marnia Robinson: «Peace Between the Sheets« (bisher nur englischsprachige Ausgabe)

Ausbildung mit
Bärbel und Manfred Mohr

Die Ausbildung enthält das geballte Wissen aus 10 Jahren Bestellungen beim Universum, Positiver Realitätsgestaltung und Ho'oponopono.

Wir gehen alle großen Lebensbereiche durch (Partnerschaft, Berufung, Gesundheit, Seelenplan) und heilen die Resonanz zu Problemfeldern in uns durch das »Hoppen« wie auch hier im Buch beschrieben. Wir erfahren was Bestellungen beim Universum mit Protonen-resonanz und aktuellen Forschungsergebnissen zu tun haben und führen gemeinsame Bestell- und Selbstheilungsrituale durch.

Mehr auf http://www.cosmic-ordering.de/ausbildung.html

Bärbel Mohr
Sex wie auf Wolke 7

Eine Gebrauchsanweisung
gebunden, 128 Seiten
€ 9,95
ISBN 978-3-86728-007-5

Dieses Buch gibt dem Sex die Liebe wieder! In ihrem
sehr persönlich geschriebenen Buch »Sex wie auf
Wolke 7« beschreibt Bärbel Mohr eine neue Art
von Sex-Erlebnis. Gerade Männern und Frauen in
langen Partnerschaften und Ehen fehlt oft das Neue
in ihrem Sexleben. Durch den hier beschriebenen
»Null-Runden-Wolke-7-Sex« kann man Abhilfe
schaffen. Das Buch bietet nicht nur die Chance auf
ein neues Sex-Gefühl, sondern auch Anleitungen und
Erfahrungsberichte von Paaren, die diese Art von Sex
bereits ausprobiert haben. Ein Muss für alle Paare,
die Freude an Sex haben und offen für Neues sind.

Bärbel & Manfred Mohr
Cosmic Ordering
Die neue Dimension der Realitätsgestaltung
aus dem alten hawaiianischen Ho'oponopono
gebunden, 128 Seiten mit DVD, € 16,95
ISBN 978-3-86728-060-0

Probleme wirklich an der Wurzel lösen, verfahrene
Situationen wieder in Fluss bringen, Leichtigkeit in
verstrickte Beziehungen bringen – das alles ist auf
einfache Weise möglich.
Ganz nebenbei kommt man dabei anderen auf der
Herzensebene näher und gewinnt Mitgefühl und
zugleich eine Fülle von Selbsterkenntnis. Die bei-
gefügte DVD mit echten Sitzungen und Übungen
zum Mitmachen zeigt, wie erheiternd, aber auch
tiefgründig es dabei zugeht.

DVD zum Buch
Zweisam statt einsam

ISBN 978-3-89758-629-1
Spielzeit 70 Min.
Aufgenommen im
RiWei-Filmstudio
Regensburg
www.riwei-verlag.de
Tel. 0941 / 7 994 570

Zweisam statt einsam

Den richtigen Partner finden und in Beziehungen glücklich bleiben. Die DVD zum Buch.

Die DVD beinhaltet viele spannende Tipps und Beispiele, um den Zuschauer zu unterstützen eine glückliche Beziehung zu leben.

Bärbel Mohr hat dazu spannende Interviewpartner eingeladen: Die Autorin und Beziehungstrainerin Gigi Tomasek, Autorin von Hallo Tarzan und den Trainer Thomas Klüh mit seiner ganz persönlichen Lebensgeschichte.

Außerdem sind mit dabei, einige sehr unterschiedliche Leser(innen) mit ihren individuellen Bestellungen beim Universum zum Beziehungsthema. Auch über Erfahrungen mit »Hoppen« für eine neue Realitätsgestaltung in der Beziehung wird berichtet.

Damit auch jeder gleich mitmachen kann gibt es eine Beispielsitzung im »Hoppen« (in Anlehnung an das alte hawaiianische Ho'oponopono) mit fünf Teilnehmern.

Abgerundet wird die DVD durch zwei musikalische Beiträge von Muriel aus England und Manfred Knoop aus Deutschland.

Erschienen im RiWei-Verlag Regensburg